Charles Dunoyer
et le libéralisme classique français

Charles Dunoyer
et le libéralisme classique français

(1977)

Leonard Liggio

Publié originellement dans le Journal of Libertarian Studies

Traduit par Kevin Brookes
chercheur-associé à l'Institut Coppet

INSTITUT
COPPET

Institut Coppet
Paris, juin 2014
www.institutcoppet.org

PREFACE

Le texte traduit par Kevin Brookes, *Charles Dunoyer and French Classical Liberalism*[1], est de toute première importance. Leonard P. Liggio est en effet l'un des premiers historiens des idées à avoir reconnu l'importance des auteurs industrialistes. Leonard Liggio apporte une contribution importante à la redécouverte de l'école libérale française à la fois méconnue et souvent délaissée par la recherche académique. [2]

Deux « industrialismes » au moins voient le jour sous la restauration, celui de Saint-Simon et celui que professent, dans le *Censeur européen*, Charles Comte, Charles Dunoyer et Augustin Thierry. L'opposition de ces deux courants de la pensée économique française autour des années 1820 est un fait marquant du débat théorique entre l'école libérale et l'école socialiste.

Au sens étroit — celui que retient l'historiographie classique — l'industrialisme désigne le système de Saint-Simon (1760-1825), ce philosophe qui donna naissance, après sa mort, au premier mouvement socialiste dit « utopique » en France : le saint-simonisme.

L'industrialisme d'inspiration libérale a été développé sous l'influence de Jean-Baptiste Say et de Benjamin Constant, par Charles Comte et Charles Dunoyer. C'est une théorie générale de la société qui part du principe que l'homme dispose de trois moyens pour vivre : 1- il peut profiter de ce que la nature lui offre

---

[1] *Journal of Libertarian Studies*, no. 3, 1977, pp.153–78.
[2] À l'exception notable de l'anthologie complète de Lucien Jaume sur le libéralisme français au XIXème siècle. Cf. Lucien Jaume, *L'individu effacé ou le paradoxe du libéralisme français*, Paris, Fayard, 1997.

spontanément ; 2- il peut piller la richesse que d'autres ont produite ; ou bien 3- il peut travailler pour produire de la richesse par lui-même. Dans toute société, une nette distinction peut être faite entre ceux qui vivent de pillage et ceux qui vivent de leur production. L'histoire de toute société jusqu'à nos jours est l'histoire de la lutte entre les pillards et les classes productives. Tel est le « manifeste industrialiste » de Charles Comte et Charles Dunoyer.

Si les industrialistes libéraux du *Censeur* et les saint-simoniens peuvent être assez proches dans leur volonté d'encourager le développement de l'industrie en libérant les forces productives, ils divergent radicalement sur d'autres points essentiels.

Et notamment sur le rôle des pouvoirs publics : Comte et Dunoyer pensent que l'intervention de l'État ne peut qu'être néfaste à l'action des agents naturels disponibles pour tous, qui sont les véritables facteurs du développement de l'industrie, alors que les saint-simoniens ont une conception très technocratique du développement. En effet, ils veulent qu'une élite de savants organise la société par la contrainte.

C'est après 1819, sans doute sous l'influence d'Auguste Comte, qu'apparaît cette idée chez Saint Simon. Elle est exprimée dans le titre de l'un de ses ouvrages : *L'Organisateur*. L'auteur considère que le libéralisme n'est qu'une doctrine négative, certes utile pour critiquer les institutions mais inefficace pour transformer la société. La société nouvelle a donc besoin d'être « organisée » et son principe d'organisation est le gouvernement. C'est la doctrine de l' « organicisme » qu'on retrouve chez Auguste Comte : une élite éclairée impose à la société, même si par des procédures dites « démocratiques », des choix technologiques qu'elle considère comme allant dans le sens des intérêts de la collectivité. Pour Saint Simon, l'imperfection humaine nécessite que les activités sociales des hommes soient placées sous la direction d'autres hommes.

Au contraire, pour Comte et Dunoyer, il faut dépolitiser la société et cantonner l'autorité politique dans un strict rôle de garantie de la sûreté. Ils s'inscrivent dans la tradition dépeinte par Lucien Jaume de « libéralisme contre l'État »[3], dans la lignée d'autres figures majeures comme Benjamin Constant et Germaine de Staël, qui gravitaient autour du groupe de Coppet. Peu importe d'ailleurs que l'autorité chargée de veiller à la sûreté commune soit monarchique ou républicaine, pourvu qu'elle coûte peu et qu'elle réalise progressivement cet idéal d'une société respectueuse des droits de chacun. Son rôle est de faire régner la paix, de faciliter le libre jeu des lois économiques, de substituer graduellement l'activité de la société à celle de l'administration, l'adhésion volontaire à la contrainte.

Dans la tradition intellectuelle libérale qui va de Jean-Baptiste Say à Frédéric Bastiat, puis à son disciple Gustave de Molinari, Charles Dunoyer est un chaînon majeur et pourtant trop méconnu. D'abord juriste, puis journaliste et enfin économiste, Dunoyer aura vécu au moins trois vies au cours des soixante-seize années de sa longue existence. Leonard Liggio en restitue parfaitement la trajectoire biographique et intellectuelle à travers son étude. Barthélémy-Pierre-Joseph-Charles Dunoyer est né le 20 mai 1786 et il est mort le 4 décembre 1862. C'est aux physiocrates que Dunoyer doit sa doctrine du laissez-faire, qui occupe une place fondamentale dans son maître-livre, en trois volumes, *La Liberté du Travail*. Selon Quesnay, Mercier de la Rivière, Baudeau et Dupont de Nemours, la science économique embrasse la totalité des rapports sociaux. « L'économie politique, a dit Dupont de Nemours, est la science du droit naturel appliqué aux sociétés civilisées ». [4] De même, pour Dunoyer, l'économie politique est « la science de la société » et non la science de la richesse, comme la définit Adam Smith. Autrement dit, sa préoccupation est davantage sociale et politique que purement économique. Et c'est ce qui en fait toute l'originalité, comme le montre bien dans cette étude Leonard Liggio.

---

[3] Lucien Jaume, *L'individu effacé...*, op.cit., p. 19.
[4] Lettre de Pierre-Samuel Dupont de Nemours à Jean-Baptiste Say, 22 avril 1815, *Mélanges et correspondance d'économie politique de J.-B. Say*, Paris, Chamerot, 1833, p.9

La pensée de Dunoyer puise également dans la tradition des « Idéologues » et en particulier celle d'Antoine Destutt de Tracy, dont Thomas Jefferson traduisit et publia le *Traité d'économie politique* aux États-Unis avant même sa publication en France. Dunoyer a fréquenté Tracy dans son salon de la rue d'Anjou, un centre de la pensée libérale à Paris après la Révolution. La définition de la société par Tracy est essentielle dans la pensée libérale française : « La société est purement et uniquement une série continuelle d'échanges ; […] et c'est là le plus grand éloge qu'on en puisse faire, car l'échange est une transaction admirable dans laquelle les deux contractants gagnent toujours tous deux : par conséquent la société est une suite non interrompue d'avantages sans cesse renaissants pour tous ses membres ». [5] Pour Tracy « le commerce est toute la société ». Il est « la grande force civilisatrice rationalisatrice et pacificatrice du monde ». [6]

Dès lors, l'autorité n'a pas à se préoccuper d'une meilleure distribution de la richesse dans la société. Dunoyer dénoncera avec force les interventions de plus en plus fréquentes du pouvoir central dans la vie des nations. Le régime de la libre concurrence est, selon lui, le seul propre à assurer la prospérité générale.

À côté de la philanthropie généreuse et aventureuse d'un économiste comme Sismondi, la doctrine libérale de Dunoyer apparaîtra certainement sévère. Pourtant elle est le prolongement direct d'un humanisme très éloigné d'une conception atomistique de l'homme et du monde. Selon Dunoyer, précurseur en cela de Bastiat, le plus grand obstacle à la liberté, c'est l'homme lui-même, son ignorance, ses passions, sa cupidité, son penchant à asservir et dominer ses semblables. Autrement dit, le dernier mot de l'école libérale française est d'ordre moral.

En effet, le seul moyen de diminuer cet obstacle, selon Dunoyer, est de résister courageusement à toute violence, à toute injuste atteinte contre la personne ou la propriété d'autrui et à

---

[5] Antoine-Louis Destutt de Tracy, *Traité d'économie politique*, 1823
[6] *Ibid.*

respecter scrupuleusement ses droits. La liberté des nations grandit à mesure qu'elles deviennent plus industrieuses, plus éclairées et surtout plus morales.

Un temps viendra, il faut l'espérer, où les œuvres de Charles Dunoyer seront rééditées en France. Parmi elles, citons 1° *L'Industrie et la Morale considérées dans leurs rapports avec la liberté* (Paris, Sautelet, 1825), refondu en 1845, dans les trois volumes intitulés : *De la Liberté du travail ou simple expose des conditions dans lesquelles les forces humaines s'exercent avec le plus de puissance* (Paris, Guillaumin) ; 2° les articles « Production » et « Gouvernement » insérés dans le *Dictionnaire d'Économie politique* de Coquelin (Guillaumin) ; 3° Sa *Notice historique sur l'industrialisme* publiée dans la Revue Encyclopédique, en 1827 ; 4° Le recueil posthume de ses œuvres en 1870, intitulé : *Notices d'Économie sociale* (Guillaumin).

Léonard Liggio, dans son texte, restitue avec force les débats intellectuels de cette époque charnière de l'histoire politique française, alors animée par des changements de régimes politiques réguliers. Il éclaire les points de divergences entre d'une part l'école française du libéralisme qui fonde sa défense de la liberté sur des bases déontologiques et sur le droit naturel, à partir d'une vision optimiste de l'homme (perfectibilité humaine), et de l'autre l'école anglaise, incarnée entre autre par Godwin, qui théorise une version utilitariste du libéralisme avec une vision pessimiste de l'homme. Par ailleurs, il restitue l'affrontement intellectuel entre les industrialistes Saint-simoniens, précurseurs du socialisme moderne, et les industrialistes libéraux qui, dans la lignée de Say, se font les avocats du développement de l'industrie, des technologies, par la libre-entreprise et le respect des lois économiques. Au-delà de ces débats intellectuels, l'auteur du présent ouvrage permet au lecteur de prendre conscience de l'importance qu'occupaient Charles Dunoyer et Charles Comte et leurs proches dans la vie politique de l'époque.

La nébuleuse libérale était pleinement intégrée aux salons de réflexion politique (notamment celui du marquis de Lafayette) et aux débats politiques de l'époque auxquels ils participaient activement notamment à travers *Le Censeur Européen*. Ils menèrent de nombreux combats parmi lesquels nous pouvons retenir leur lutte pour la liberté de la presse, en réaction à la censure qui se met en place lors de la Première et de la Seconde Restauration (Dunoyer fit d'ailleurs un séjour en prison et Comte dut s'exiler pendant cinq ans), la critique du régime autoritaire de Charles X et une implication directe dans les journées de juillet 1830, sans compter leur place de premier plan dans les débats intellectuels et académiques de l'époque avec Stendhal, Benjamin Constant ou Saint Simon.

L'auteur du texte que nous présentons, Leonard Liggio, est né le 5 juillet 1933. Ancien étudiant du séminaire que Ludwig von Mises donnait à la Graduate School of Business Administration de l'université de New York, il a enseigné au Département d'Histoire à Iona College, New Rochelle, et à celui du City College de New York. Ancien président de l'Institute for Humane Studies à l'université George Mason à Fairfax en Virginie, il est depuis 1994 Vice-Président de l'Atlas Economic Research Foundation à Washington DC. Le détail de cette vie, qui fut toute consacrée à la promotion des idées de liberté, de paix et de responsabilité, se trouve dans sa biographie complète sur un site web qui lui est consacré : leonardliggio.org

Ami de Murray Rothbard dès les années 1950, il a fondé avec lui la revue Left *and Right: A Journal of Libertarian Thought*. C'est dans ces pages qu'il a fait paraître en 1977 ce texte sur Dunoyer et l'industrialisme

Le traducteur de ce texte, Kevin Brookes, est diplômé de l'Institut d'Études Politiques de Grenoble et est actuellement en doctorant en science politique au laboratoire PACTE – IEP de Grenoble.

Cette traduction n'arrive pas aujourd'hui par hasard pour le public français. Elle marque le bicentenaire de la revue *Le Censeur*, fondée en 1814 par Charles Comte et Charles Dunoyer. Formons donc le vœu que la France retrouve sa mémoire et le chemin de sa tradition philosophique libérale, qui n'a perdu ni de sa force ni de son actualité, comme en témoigne l'acuité et la pertinence des questions discutées par les plus grands penseurs libéraux du début du dix-neuvième siècle.

Damien Theillier
président de l'Institut Coppet

Paris, le 11 mai 2014

Charles Dunoyer
et le libéralisme classique français

(Barthélémy) Charles (Pierre-Joseph) Dunoyer (1786-1862) est né le 20 mai 1786 à Carennac dans l'ancienne Turenne (Quercy, Cahorsin), actuel département du Lot. Son père, Jean-Jacques-Philippe Dunoyer, était seigneur de Segonzac. Destiné à un âge précoce à l'ordre de Saint-Jean de Malte, il commença sa scolarité dans l'ordre près de son domicile, à Martel. Après la confiscation de l'immobilier de l'ordre en 1792, sa tante, à l'origine de l'ordre de la visitation et ancienne prêcheuse bénédictine de Carennac, poursuivit son éducation à la maison. Ses études secondaires s'accomplirent à Cahors, à l'École Centrale, l'une des nouvelles écoles mises en place par le Directoire, au sein desquelles les idées des philosophes du XVIIIᵉ siècle, et plus spécifiquement des Idéologues, prédominaient. En 1803, Dunoyer partit à Paris pour étudier le Droit au sein de la toute nouvelle université de Jurisprudence.

Dunoyer arriva à Paris au moment où une ère intellectuelle et politique majeure s'achevait et où une autre — l'Empire — débutait. Par son éducation à l'École Centrale, Dunoyer avait été introduit auprès des auteurs majeurs des Lumières et de leurs héritiers de l'époque de la Révolution et du Directoire. À partir de 1800, une importante campagne contre les Lumières fut lancée à Paris, mais elle fut contrée, dans une certaine mesure, par l'organe principale de la tradition philosophique, *La Décade Philosophique*, dont le principal éditeur avait été Jean-Baptiste Say (1767-1832). Say fut l'éditeur général de la *Décade* de sa création (An II, 29 avril

1794) jusqu'à son entrée au Tribunat en 1800. [7] La formation intellectuelle de Dunoyer lorsqu'il vint à Paris était le produit du travail de nombreux contributeurs de la *Décade*.

Pierre-Claude François Daunou (1761-1840), qui s'était étroitement associé à Charles Dunoyer lors de la Restauration, fut l'acteur principal du développement des écoles centrales, tout comme il l'avait été pour la création de l'Institut de France. En 1791-1792, Talleyrand avait proposé une éducation secondaire basée sur les langues, la littérature, l'histoire et l'éthique, et Condorcet l'avait contré avec une emphase sur les mathématiques, les sciences et les sciences politiques et morales. En 1795, après une proposition de Lakanal en faveur d'un programme plus scientifique, le programme de Daunou, qui l'était moins, fut adopté. Plus tôt, Daunou avait souhaité, à l'instar de Lakanal et Sieyès, que l'éducation soit rendue libre, de manière à ce qu'elle soit fournie par l'initiative privée. Daunou soulignait que la liberté était la condition du progrès scientifique. Ce concept forma une part importante de la pensée éducative et économique de Destutt de Tracy, qui fut actif dans la formulation des politiques éducatives sous le Directoire, tout en étant aussi bien un Idéologue de premier plan. François Guillaume Andrieux, Président du Tribunat et contributeur de la *Décade*, affirma que s'il était mieux de « laisser cours à l'intérêt individuel », alors l'éducation organisée sous forme de marché privé devait être la norme : « il y aurait donc compétition, émulation, comme Smith, Mirabeau, etc… n'avaient pas hésité à le dire dans leurs derniers écrits politiques ». Jean-Baptiste Say défendait une approche en termes de marché de l'éducation dans son *Traité d'économie Politique* (1803), raison pour laquelle il ne fut pas reconduit au Tribunat. [8]

---

[7] La *Décade* fut suspendue en 1807.

[8] Johanna Kitchin, *La Décade (1794-1807), Un journal « Philosophique »*, Paris, Lettres Modernes, 1965, p.3-10, 179-184, 200. Le succès de l'école centrale du département du Lot, d'un point de vue idéologue, fut relevé dans un article sur l'éducation dans la *Décade* (le 22 octobre 1801, p. 161) par l'un de ses coéditeurs, Pierre-Louis Ginguené ; Charles Hunter Van Duzer, *Contribution of the Ideologues to French Revolutionnary Thought* (Baltimore : The John Hopkins Press, 1935), pp.141-142.

La *Décade* marqua particulièrement l'histoire de la pensée éco-nomique. Elle contribua fortement au développement de la pensée de Say, l'économiste le plus influent en France sous la Restauration. La *Décade* fut un moyen majeur d'introduire les idées économiques d'Adam Smith en France, où les concepts des phy-siocrates avaient été dominants ; cela allait se confirmer avec le *Traité* de Say. Bien que Condorcet incarnait le début d'une critique de l'*agrarianisme* exclusif des Physiocrates, ses propositions *in-dustrialistes* demeuraient limitées. L'impact de la Révolution Indus-trielle en France (au point que l'on avait instauré la standardi-sation d'éléments manufacturés dès 1785) sur Condorcet, avait eu plus de répercussions sur la pensée de Say et de Destutt de Tracy. Cependant, la référence aux Physiocrates demeurait importante. Pour eux, la société naturelle existait avant l'État. La société à l'état naturel était absolue, nécessaire et permanente ; l'État était relatif, accidentel et provisoire. L'anarchisme des Physiocrates préconisait la disparition de l'État. Condorcet formulait très bien cet individualisme et l'on accordait une grande attention à sa pensée dans la *Décade*. [9]

Pour Say, les États-Unis constituaient le modèle de l'indus-trialisme et de l'anarchisme, tout comme le despotisme agrarien chinois était le modèle de la plupart des Physiocrates. La préfé-rence des Physiocrates pour une société « raffinée », « com-munale », agricole, ancienne, réglée et bureaucratique avait été opposée à la société simple, individualiste, artisanale, non-agricole, jeune, légère et non bureaucratique de Rousseau. « En passant simplement du raffinement d'une société ancienne étroi-tement formée autour de l'agriculture, à l'activité industrielle d'une nouvelle société, nous allons encore une fois de plus des Physiocrates vers Rousseau. C'est toujours le romantisme du sauvage noble sous une forme différente ». Say considérait que seul l'homme dans un état de confort personnel pouvait atteindre la perfection naturelle dont Rousseau parlait. C'est uniquement

---

[9] Johanna Kitchin, *op.cit*, p. 110-136, 198 ; Georges Gurvitch, *Industrialisation et Technocratie*, Paris, Librairie Armand Colin, 1949, p. 10 ; Gurvitch, *L'idée du Droit Social, notion et système du droit social, histoire de doctrine depuis le XVIIe jusqu'à la fin du XIXe*, Paris, Librairie du Recueil, Sirey, 1931, pp.236-260, 272.

lorsque la société est naturelle que la perfection naturelle et sociale peut être obtenue ; la société économique, selon Say, est naturelle, mais la société politique, en revanche, ne l'est pas, et par conséquent elle restreint la perfection de l'homme. « Jean-Baptiste Say est en accord avec Rousseau en affirmant que la société politique est assurément non-naturelle ». [10]

L'intérêt que portait Dunoyer pour les États-Unis, que l'on retrouve dans ses propres écrits (en particulier à propos de Franklin) et ses périodiques, reflétait une appréciation similaire à celle des Idéologues, et notamment de Say dans la *Décade*. Say était critique des Fédéralistes et de ces spéculateurs dans les entreprises et les services de sécurité du gouvernement, spéculateurs qui pourraient introduire le matérialisme et les grandes fortunes destructrices du capitalisme américain. Dans l'esprit de Say, comme dans celui de nombreux radicaux français, Rousseau était associé à Franklin (et Jefferson). La deuxième partie de l'*Autobiographie* de Franklin fut imprimée pour la première fois par *La Décade* en 1798 sous la direction de Say : il imprima diverses lettres et divers essais de Franklin. Robert Fulton représentait l'idéal américain à Paris, grâce à son livre sur l'amélioration des canaux de navigation, dont Say avait fait une critique, et le succès de son bateau à vapeur, qui naviguait sur la Seine. Say envoya à Jefferson une copie de son *Traité* accompagnée d'une lettre :

> « Il vous appartient également de montrer aux amis de la liberté répandus en Europe, que l'étendue de liberté personnelle est compatible avec le maintien du corps social. On ne pourra plus

---

[10] Ernest Theilhac, *L'œuvre économique de Jean-Baptiste Say,* Paris, Libraire Félix Alcan, 1927, p.176, 164. Lester G. Crocker, *Nature and Culture, Ethical Thought in the French Enlightenment*, Baltimore, The John Hopkins Press, 1963, p.47, 444-448, 482-495 et 219-235 ("La synthèse utilitariste") ; Crocker, *Rousseau's Social Contract : An Interpretative Essay*, Cleveland, Press of Case Western University, 1968 ; Guy H. Dodge, "Introduction", *Jean-Jacques Rousseau : Authoritarian or Libertarian?,* Lexington, Mass, D.C Heath, 1971, pp.vii-xvii ; T. Ferneuil, « Socialisme et Individualisme », *Revue d'économie politique* (1889), III, 5 ; R. Fargher, " The Retreat from Voltairism, 1800-1815 ", *The French Mind, Studies in Honour of Gustave Rudier,* Oxford, Clarendon Press, 1952, pp.220-237 ; Mario Einaudi, *The Physiocratic Doctrine of Judicial Control*, Cambridge, Harvard University Press, 1938.

alors souiller par des excès la plus belle des causes ; et l'on s'apercevra peut-être enfin que la liberté civile est le véritable but de l'organisation sociale, et qu'il ne faut considérer la liberté politique que comme un moyen de parvenir à ce but.

Les États-Unis sont enfants de l'Europe ; mais les enfants valent mieux que leurs pères. Nous sommes de vieux parents élevés dans de sots préjugés, garrottés par beaucoup d'anciennes entraves et soumis à une foule de considérations puériles. Vous nous montrerez les véritables moyens de nous en affranchir ; car vous avez fait plus que conquérir votre liberté. Vous l'avez affermie. ». [11]

Pour Say, l'Amérique était le modèle de la société jeune, légère, active et candide, par laquelle l'industrialisme et l'anarchisme contribueraient à la perfection humaine. Il écrit dans son *Traité* :

« Ceci nous indique le point de contact entre l'économie politique et la politique pure. Tout le monde conviendra que les sacrifices que nous impose l'état de société sont d'autant moindres que le gouvernement est meilleur. [...] Dans quel pays est-on mieux gouverné, c'est-à-dire peu gouverné et à meilleur marché qu'aux Etats-Unis ? » [12]

L'optimisme et le naturalisme de Say eurent une influence fondamentale sur la pensée économique qu'il introduisit. Ces postulats étaient évidents pour de nombreux Physiocrates, tout comme pour Rousseau. Les Physiocrates plaçaient l'âge d'or dans le futur, contrairement à Rousseau ; ils postulaient un naturalisme *a posteriori* face au naturalisme individualiste *a priori* de Rousseau. L'influence de l'individualisme de Rousseau en même temps que celui d'Adam Smith conduisit Say à exclure les moyens politiques que beaucoup de Physiocrates avaient promus. L'individualisme de la pensée de Say conduisit son naturalisme économique à écarter le système politique. En référence à Rousseau :

---

[11] Durnard Echeverria, *Mirage in the West, A history of the French Image of American Society to 1815*, Princeton, New Jersey, Princeton University Press, 1957, p. 275, 216, 222-224, 232 ; Kitchin, *op.cit*, p. 194-195.
[12] Teillhac, *op.cit*, p. 176 ; Say, *Traité d'économie politique*, Paris, 1803, I, p. 393

> « L'utilitarisme économique s'étend à l'individuel. Le naturalisme individuel s'étend à l'économie. C'est de ce concours que naît le nouveau naturalisme. Et voilà comment, alors que pour Rousseau l'utilitarisme social était le moyen du naturalisme individuel, Say, après avoir strictement séparé au sein du social politique et économie, pose que l'utilitarisme simplement politique est le moyen superflu et provisoire du naturalisme non seulement individuel mais économique, de cette coïncidence naturelle de l'utilitarisme individuel et de l'utilitarisme économique. Si l'on va au fond des choses, l'on constate enfin que, ce faisant, Say continue Rousseau bien plus qu'il ne le contredit. » [13]

En mettant de côté leur acception d'un système politique qu'ils souhaitaient rationnaliser, Adam Smith différait des Physiocrates. Sa contribution était enracinée dans un naturalisme utilitaire au sein duquel les relations économiques et sociales florissaient en l'absence d'action politique, et ce quel que soit la rationalité de l'intention. Say dérivait ses concepts de base directement et indirectement de Smith. C'était sur l'optimisme et le naturalisme de Smith qu'une grande partir de la littérature controversée des penseurs anglais qui suivaient la Révolution Française était fondée. Say et les économistes de l'école française étaient favorables à la Révolution Française et à la révolution industrielle, dans la lignée des héritiers de Smith, tandis que Malthus et l'école anglaise s'y opposaient, ou les considéraient comme un mal nécessaire.

Dans une certaine mesure, les radicaux anglais passèrent d'une Déclaration des Droits rousseauiste, qu'ils considéraient comme une insuffisante garantie des droits naturels, à la nécessité d'abolir le système politique.

> « Parmi ces démocrates qui s'opposaient à Burke, tant Mackintosh que Paine et que Godwin subirent si fortement l'influence de Smith qu'ils finirent par signaler eux-mêmes l'insuffisance de la « Déclaration des droits ». Rien de plus significatif que de voir Mackintosh subordonner les droits naturels à l'utilité, Paine juxtaposer simplement les deux doctrines, et Godwin, enfin,

---

[13] Teilhac, *op.cit*, p. 176-177, 193, 68, 79

sentant la nécessité de choisir, détruire les idées de Paine en dissociant gouvernement et société, en montrant que, loin de relâcher le lien social, l'abolition du gouvernement le resserre. [...] Godwin, selon la tradition du naturalisme utilitaire de Smith, avait sacrifié la politique à l'économie. Ce fut l'économie que l'utilitarisme artificiel de Bentham sacrifia à la politique.

Est-ce à dire que c'est Godwin qui fonde l'économie politique ? Oh ! Point du tout ! Car c'est peut-être plus contre lui que contre Bentham que Malthus et Ricardo l'établirent. [...] Godwin développait le naturalisme utilitaire optimiste, Malthus le naturalisme utilitaire pessimiste. C'est dans cette mesure que l'on peut dire de l'*Essai sur le principe de population* qu'il fut une réplique à la *Richesse des nations*. [...] Selon Malthus, le mal ne peut être détruit ni par l'action du politique, contrairement à ce que pense Bentham, ni par l'abolition du politique, contrairement à ce que pense Godwin. Si le politique ne peut rien contre la réalité économique, c'est qu'il devient partie intégrante de cette réalité.

[...] N'est-ce pas le naturalisme utilitaire pessimiste d'Adam Smith que reprend Jean-Baptiste Say ? De telle sorte qu'en définitive, l'économie politique serait réellement fondée moins contre Godwin que contre Bentham et que contre le naturalisme utilitaire pessimiste de Malthus et Ricardo. »[14]

L'utilitarisme pessimiste de Malthus et Ricardo, en opposition à Godwin et à son optimisme smithien, était lié aux crises de surproduction qui s'étaient déroulées pendant les guerres de la Révolution Française et sous Napoléon. Les crises de surproduction confrontèrent les économistes à un défi profond lancé à la science économique. Say démontra contre Malthus l'impossibilité économique de la surproduction. Dans son analyse des causes extra-économiques, anti-économiques ou politiques de la surproduction, Say réaffirme ses célèbres lois du marché, contre l'intervention du gouvernement dans la réalité économique préconisée par Matlhus.

L'opposition entre optimisme et pessimisme prenait racine dans les attitudes respectives à l'égard de l'industrialisation. De la

---

[14] *Ibid*, p. 232-233.

même manière que le travail de Malthus était une réponse à Smith à travers Godwin, l'industrialisme de Say était une réaffirmation de Smith et de Godwin. L'attitude économique positive de Smith à l'égard de l'industrie le distinguait des Physiocrates. « Si de la *Richesse des Nations,* le *Traité* de Say ne retient d'une part que ses germes d'industrialisme, il ne retient d'autre part que la seule branche optimiste de son naturalisme utilitaire ; et il fait coïncider ce double point. S'il industrialise la nature, il naturaliste l'industrie ». [15] La mise en place de l'industrialisation dans une liberté absolue aurait pour résultat le bien-être général. La *Décade* envisageait une prospérité croissante et indéfinie due à la liberté économique ou au capitalisme, à l'usage des machines, ainsi qu'aux applications des nouvelles découvertes technologiques et scientifiques. Pour Say, l'aptitude à amasser du capital était une des causes de la perfectibilité indéfinie de l'homme.

> « Selon les auteurs de la *Décade*, l'un des grands avantages du système de laisser-faire, c'est qu'il arrête l'enrichissement excessif, du aux monopoles et aux tarifs, d'un petit nombre de familles privilégiées, et qu'il diffuse plus largement les profits de l'industrie. […] Mais ces mesures d'utilité générale auraient-elles un effet sensible sur les pauvres ? Les auteurs de la *Décade* le croient, au moins en ce qui concerne la liberté économique. La libération du travail par l'abolition des droits féodaux et des corporations leur semble déjà un immense progrès social. Leurs espoirs pour les progrès futurs du peuple se fondent sur les effets prévus du système de laisser-faire, joint à la mécanisation de l'industrie : prospérité nationale sans précédent, travail pour tout le monde, baisse des prix grâce à la concurrence et à la fabrication en série. Il s'agit en somme d'une révolution industrielle semblable au mouvement manufacturier que J.-B. Say admire en Angleterre. » [16]

Say rendit hommage à son ami l'Abbé Henri Grégoire, le fondateur du Conservatoire des Arts et des Métiers, en reconnaissant le progrès humain que les machines permettaient. La *Décade* appela à la spécialisation dans la production d'articles de

---

[15] *Ibid,* p. 228.
[16] Kitchin, *La Décade,* p. 197-198, 146.

consommation de masse, et « s'intéressait constamment aux inventions et aux nouvelles technologies ».

> « La *Décade* insiste sur l'importance des machines et tient ses lecteurs au courant des développements les plus récents dans ce domaine. Elle rend compte régulièrement des séances du Lycée des Arts (société fondée en 1792 pour la propagation des découvertes utiles), et elle s'occupe des expositions industrielles qui ont lieu à Paris tous les ans à partir de 1797, de la Société pour l'encouragement de l'industrie nationale (fondée en 1801), et du Conservatoire des Arts et Métiers (décrété en 1794). »[17]

L'industrialisation avait un effet pratique important sur le capital, qui provoqua l'une des contributions majeures de Say à la science économique. La Révolution avait réduit l'importance du « capital » privilégié de l'Ancien Régime, elle avait permis aux hommes d'acquérir du capital échappant au périmètre de l'État, et elle avait développé l'intérêt général. La Révolution Industrielle incarnait l'importante augmentation de ce capital et la réduction du capital « privilégié ». La rémunération provenant du capital représentait une récompense pour le capitaliste afin d'économiser et de prévoir l'utilisation des économies plutôt que d'être une assurance contre le risque. L'augmentation du prix du capital dans la société industrielle ne reflétait plus la rareté du capital, mais l'augmentation de l'usage productif du capital. Cela contrastait avec la conception de Malthus ou Ricardo et plaçait Say en radicale opposition à l'école pessimiste anglaise.[18]

> « C'est le développement de la révolution industrielle qui a attiré l'attention de Say moins sur le phénomène déjà ancien de la division du travail que sur celui tout nouveau du machinisme. Et c'est ce passage de la division du travail au machinisme qui a fait que l'industrialisme que Say, dépassant Smith, revienne au naturalisme. »[19]

> « À peine née, cette conception harmonieuse allait être brisée ; et, si le progrès que réalise l'économie de J.-B. Say est plus net

---

[17] *Ibid*, p.197, 145-146
[18] Theilac, *op.cit*, pp.112-120
[19] *Ibid*, p.102, 137

par rapport à ses contemporains que par rapport à ses prédécesseurs, il l'est peut-être encore davantage par rapport à ses successeurs immédiats. [...] L'idée industrialiste passe ensuite au *Censeur* et à ses rédacteurs : Charles Comte, Dunoyer et Augustin Thierry, pour aboutir enfin à Saint-Simon et à Karl Marx.

[...] « L'économie politique, dit le *Censeur Européen* à la fin du compte rendu du *Traité* de Say, en faisant voir comment les peuples prospèrent et dépérissent, a posé les véritables fondements de la politique ». De même qu'il n'y a plus de science économique tout court, il ne doit plus y avoir de pure science politique. Il y a l'économie politique.

[...] Et l'effacement progressif qu'ils marquent de l'esprit guerrier devant l'esprit industriel est une véritable théorie du matérialisme historique. Leur politique internationale est aussi remarquable que leur politique interne est. Le système de l'équilibre européen n'est qu' « une vieille machine usée », menace perpétuelle de guerre. Le *Censeur* lui oppose la théorie des débouchés et l'entente internationale réelle qu'elle engendre. Il n'y a plus que deux grandes nations : la nation européenne des producteurs, des industrieux ; quant à l'autre, c'est la vieille Europe se débattant contre la nouvelle. Mais si étroit que soit le rapport du libéralisme économique de J.-B. Say et de la politique libérale du *Censeur*, il n'en recouvre pas moins une différence. La seule critique que Dunoyer adresse à son maître est de n'avoir pas vu que sa doctrine était à elle seule une politique et de n'avoir pas fourni à celle-ci des formes constitutionnelles. »[20]

Cependant, l'impact de Say sur Dunoyer n'allait seulement se développer qu'après une période d'une douzaine d'années. En effet, lorsque Dunoyer arriva à Paris en 1803, sous l'impact des vues philosophiques et littéraires pour lesquels la *Décade* était le porte-parole, Say quittait justement Paris. La publication du *Traité* avait entraîné l'élimination du Tribunat et était la cause du départ de Say de Paris. Refusant une offre de poste de Napoléon dans le département des finances, Say entreprit d'appliquer les récents développements de la machinerie à la production industrielle. Il établit une filature de coton qui employa finalement près de 400 personnes à Auchy dans le Pas-de-Calais. Quand il vendit son

---

[20] *Ibid*, p.241, 243-244.

entreprise une décennie plus tard, et qu'il retourna à la vie intellectuelle parisienne tandis que l'Empire arrivait à son terme, Say amena avec lui une connaissance complète du rôle et des effets de l'industrialisation sur la société moderne.

> « J.-B. Say fut intimement mêlé à la naissance de la grande industrie. Il est, en effet, l'un des types les plus remarquables de ces manufacturiers du Consulat et de l'Empire, de ces premiers grands entrepreneurs qui surent mettre en œuvre les procédés techniques nouveaux. » [21]

Autre élément important, Say fut capable, durant cette décennie, de clarifier la pensée sociale qu'il avait exprimée dans le *Traité*, et de publier en 1814 la seconde édition, qui devait avoir une importance centrale dans le développement de la pensée de Charles Dunoyer et de Charles Comte — et, à travers eux, de nombreux autres. Quand Say avait lancé son *industrialisme* en 1803, il fit face à une forte opposition des auteurs qui étaient ancrés dans les caractéristiques économiques et dans la pensée du dix-huitième siècle. À partir de 1814, la Révolution Industrielle en Europe, en même temps qu'en Angleterre, indiquait clairement que de nouvelles manières de penser la réalité étaient nécessaires. Après 1814, les conditions matérielles, tout comme les conditions intellectuelles, étaient prêtes pour l'industrialisme.

> « Mais, depuis 1789, l'industrie a triplé. Le *Censeur Européen* et Saint-Simon triomphent. Si Stendhal reste curieusement hostile à l'industrialisme, Benjamin Constant en 1818 et surtout en 1829 se laisse toucher, probablement sous l'influence du succès de Jean-Baptiste Say. » [22]

Le vif intérêt de Dunoyer pour la philosophie et la littérature fut relégué au second plan après son arrivée à Paris en 1803, à cause de l'effet effrayant du régime impérial émergent. Dunoyer poursuivit ses études de droit et traduisit les nouvelles de l'Empereur Léo III. En 1807, il rencontra François Charles Louis

---

[21] *Ibid*, p.24-26 ; Charles Comte, « Notice historique sur la vie et els ouvrages de J.-B. Say », *Mélanges... de J-B. Say*, Paris, Charmerot, 1833, p. xi
[22] Theilhac, *op.cit*, p. 220.

Comte (1782-1837) qui venait de Sainte-Enimie (Lozère). Comte était arrivé seul à Paris, sans entrée ni fortune, mais avec une forte détermination et un caractère énergique. Plus tard, il allait occuper une place spéciale parmi les amis d'Odilon Barrot (1791-1873), qui était un compatriote de Villefort (Lozère), et qui disait de Comte : « Ses conversations et ses exemples fortifiaient et purifiaient en moi le sentiment du libéralisme pour lequel mon éducation et mes origines m'avaient donné le germe ». [23] Charles Comte travaillait sur l'étude de la jurisprudence de Sirey lorsque ce dernier et Dunoyer devinrent amis.

Sous la pression de ses parents, le réticent Dunoyer quitta ses études à Paris et entra au service du gouvernement sous l'Empire. Il devint le secrétaire d'un ami de la famille, le Baron Bertrand Bessières (1773-1855) de Prayssac (Lot), qui avait été envoyé en tant qu'intendant au nord de l'Espagne (1810-1811). Bessières, qui avait été un général de cavalerie napoléonien et qui défendit par la suite le Maréchal Ney, était le frère cadet du Maréchal Jean-Baptiste Bessières, duc d'Istrée, qui était le commandant des armées françaises en Espagne du Nord. L'expérience de Dunoyer en Espagne, et son respect pour les libéraux espagnols opposés aux traditionnalistes et anglophiles constitutionnalistes, allait se manifester dans sa réflexion sur les événements espagnols dans ses articles sous la Restauration. Juste après son service en Espagne, Dunoyer occupa le poste de secrétaire pour un autre ami de la famille qui était un fonctionnaire dans l'administration hollandaise. Là-bas, les méthodes policières du gouvernement impérial l'amenèrent à devenir complètement opposé à l'Empire et à retourner à Paris.

Dunoyer accueillit avec joie les actions du Sénat destituant Napoléon, nommant un gouvernement provisoire et préparant une constitution, notamment sous l'égide de sénateurs comme Garat, Grégoire, Lanjuinais, Destutt de Tracy et Lambrechts. Une nouvelle constitution fut promulguée par le Sénat le 8 avril 1814 et le Comte de Provence fut appelé au Trône d'une monarchie

---

[23] Charles Almeras, *Odilon Barrot*, Paris, Éditions Xavier Mappus, 1950, pp.22-24

constitutionnelle. Dunoyer faisait partie des gentilshommes de la cavalerie de la garde nationale, formée en tant que garde d'honneur pour le Comte d'Artois lors de son entrée à Paris en avril. Mais Dunoyer se retira de la garde d'honneur quand la Constitution du Sénat fut mise de côté par le nouveau roi Louis XVIII, dans sa déclaration de Saint-Ouen le 2 et le 3 mai. Dunoyer publia un pamphlet à propos de la Constitution : *Réponse à quelques pamphlets contre la Constitution*. Dunoyer était critique de la Charte préparée par le gouvernement royal le 4 juin, rédigée en réponse à la pression de la Coalition des alliés occupant Paris, et faisant suite au Traité de Paris (30 mai 1814) qui mit un terme à la guerre.

Dunoyer fut ensuite invité par Charles Comte à le rejoindre afin de contribuer à la publication d'un journal hebdomadaire, *Le Censeur*. Le premier volume (17 juin - 30 septembre 1814) fut publié en tant qu'hebdomadaire avant qu'une puissante censure ne se mette en place.

Le Censeur déclara dans une publicité :

> « Étrangers à tous les gouvernements qui se sont succédé les uns les autres en France en l'espace de vingt ans, nous n'avons, en écrivant, autre intérêt qui devrait animer tous les français, que de voir nos concitoyens obéir à la loi, respecter la morale publique et résister à l'oppression. Que les hommes de tel ou tel Parti, ou de telle ou telle secte, ne s'attendent pas, donc, dans ce travail, à quelque chose qui nourrisse leurs passions, puisqu'ils ne trouveront ici rien de tel qui soit en mesure de les satisfaire. » [24]

Malgré leurs déceptions à propos de la *Charte*, Dunoyer et Comte la croyait capable de former les bases d'une liberté accrue et de mettre ainsi fin aux révolutions successives que la France avait endurées, mais qui n'avaient pas en retour augmenté la liberté. Dunoyer et Comte espéraient que les royalistes seraient satisfaits de voir les Bourbons sur le trône et accepteraient une monarchie constitutionnelle dotée d'un gouvernement exécutif.

---

[24] *Le Censeur*, volume I ; la publicité est reliée au début du premier volume.

Ils croyaient que les constitutionnalistes verraient la Charte comme un accomplissement majeur, et que dans cette Chartre la plupart de leurs principes allaient être clairement établis, alors que les bonapartistes, en tant que gouvernants les plus récents, étaient moins facilement conciliables : ils étaient demandeurs de postes et de pouvoir et pouvaient devenir importants si le gouvernement devait échouer. Les Républicains étaient avisés que les formes étaient moins importantes que le contenu, et qu'avec la Charte, la France comme l'Angleterre était une vraie République sans en porter le nom. L'Angleterre était une contradiction pour Dunoyer et Comte. Dans un contexte où l'opinion radicale et libérale considérait l'Angleterre comme un idéal, le *Censeur* devenait de plus en plus sceptique et abandonna finalement son penchant anglophile pour devenir anglophobe. Étant donné que cette évolution accompagna leur découragement grandissant devant les échecs du gouvernement de la Restauration et ses violations de la Charte, il est possible que leurs yeux ouverts aient vus au-delà de la France, et gagnèrent en profondeur de vue en ce qui concerne l'Angleterre également. Par rapport au *Mythe Anglais*, « l'influence du *Censeur* n'était pas négligeable » ; « c'était la plus importante des revues secondaires ». [25]

Dunoyer sentait que la France n'était qu'un pâle reflet de la Constitution anglaise car la société anglaise était munie de fondations solides en matière de liberté. Comme beaucoup de radicaux français, il voyait la défaite de Napoléon comme une justification de leurs idées. Le *Censeur* (septembre 1814) écrivait : « les Anglais se sont présentés principalement comme des libérateurs ». Cependant, les mémoires de Dunoyer sur le rôle des Anglais et de leurs alliés en Espagne, un thème de ses écrits au cours de ces années, ainsi que la guerre anglaise contre les États-Unis, soulevèrent des doutes quant au désintérêt de la diplomatie britannique. Malgré sa conviction que l'intention de l'Angleterre était hégémonique, le *Censeur* pouvait préférer une alliance avec l'Angleterre plutôt qu'avec la Russie. L'anglophobie du *Censeur*

---

[25] Pierre Reboul, *Le mythe Anglais dans la littérature française sous la Restauration*, Lille, Bibliothèque Universitaire, 1962, p. 377

était bien plus profonde et analytique que les conceptions de la « perfide Albion » d'un Étienne de Jouy ou de la « noble Angleterre » d'une Madame de Staël. La profondeur des analyses de Dunoyer sur l'Angleterre est rendue évidente par l'impact que le *Censeur* a eu sur la pensée de Benjamin Constant. Dans ce domaine et dans d'autres, le *Censeur* faisait partie du débat critique qui perdura jusqu'à la fin de la vie de Constant. La conception de Constant d'une Angleterre libre se transforma de plus en plus en une critique croissante de l'Angleterre. « Sans aucun doute, dans son portrait de l'évolution sociale et économique de l'Angleterre, Constant était inspiré par les brochures et les articles de Jean-Baptiste Say aussi bien que par le *Censeur*, en tenant compte des sentiments de son public et du remous qu'avaient provoqué les troubles sociaux et politiques de Grande-Bretagne ». [26] Ce développement d'idées au sujet de l'Angleterre s'installa au sein de la Gauche avec le *Censeur* en avant-garde.

> « Du côté gauche, on découvrait avec un certain étonnement que le drapeau de la liberté couvrait dorénavant une marchandise aristocratique. On commençait à envisager que l'Angleterre pût cesser de jouer les éclaireurs de la civilisation. Ses ministres ne se faisaient-ils pas les protecteurs attitrés de la réaction continentale ? D'ailleurs, on était, on se voulait patriote ; trop d'anciens officiers de la Grande Armée ressentaient encore l'humiliation de la défaite ; trop d'anciens prisonniers ou d'anciens soldats se rappelaient les thèmes essentiels de la propagande révolutionnaire et impériale. Le bord gauche n'avait guère plus d'unité que le bord droit ; moins encore peut être : les uns haïssaient, d'autres exploitaient, quelques-uns désiraient d'imiter. C.A Scheffer et, dans une moindre mesure, l'équipe du *Censeur* se prenaient à critiquer l'idée même de patrie. » [27]

Cette évolution n'incluait pas tous ceux qui étaient associés au *Censeur*. Henri de Saint-Simon et son secrétaire Augustin Thierry exprimaient une profonde anglophilie dans le *Censeur*, notamment en ce qui concernait le système parlementaire britannique. (Saint-Simon, « De la Réorganisation de la Société Européenne », *Le*

---

[26] *Ibid*, p.101, 14-20, 60-65, 77-102
[27] *Ibid*, p.115

Censeur, III) : « Dans ses articles dans le *Censeur*, il donnait cette
même Angleterre comme un exemple pour les français : celle-ci
avait su comment résoudre le problème des relations entre les
ministres et l'opposition ». [28] En outre, le glissement vers une
position anti-anglaise résultait de l'accroissement de la place
centrale pour la pensée économique de Comte et de Dunoyer :
« Pour les lecteurs du *Censeur* […] l'économie politique éclipsait la
philosophie. Dans une certaine mesure, elle la remplaçait ». [29] Il
était ironique qu'en tout premier lieu cette pensée économique
soit anglaise ; Charles Comte avait une connaissance des écrits de
Jérémy Bentham. Dunoyer et Comte étaient intéressés par des
écrits moins traditionnels qui étaient en train d'être publiés en
Angleterre et trouvaient cette littérature en cohérence avec les
attitudes cosmopolites qu'ils avaient héritées des philosophes, des
Idéologues et de la *Décade*. [30]

> « Ainsi, le premier volume du *Censeur* fut lancé en juin 1814 avec
> certains concepts et attitudes politiques marqués, mais avec une
> ouverture suffisante pour encourager et connaître un dévelop-
> pement — ceci ajouté à l'esprit d'indépendance et de critique
> pour lequel *Le Censeur* était particulièrement célèbre. Eugène
> Hatin, dans son analyse de la presse sous la Restauration, avait
> noté : Le seul journal de l'époque véritablement indépendant,
> c'était le *Censeur*, que, par cette raison précisément, nous avons
> plusieurs fois cité, et dont nos lecteurs connaissent ainsi déjà
> l'esprit et la manière. *Le Censeur, ou Examen des actes et des ouvrages
> qui tendent à détruire ou à consolider la Constitution de l'État*, avait été
> créé par deux de ces jeunes gens dont le despotisme impérial
> contrariait toutes les idées, révoltait tous les sentiments, et qui,
> malgré leur patriotisme, avaient vu dans la journée du 31 mars le
> signal de la délivrance universelle. Admis dans l'intimité des

---

[28] *Ibid*, pp.320-321.

[29] *Ibid*, p.320.

[30] *Ibid*, p.38 ; il est probable que Comte devint familier avec les œuvres de
Bentham à travers les traductions françaises par le genevois Pierre Étienne
Dumont qui était secrétaire littéraire de Bentham. Dumont avait rendu Bentham
célèbre chez les lecteurs francophones par la traduction et la publication du pur
laissez-fairiste *Manual of Political Economy* dans la *Bibliothèque britannique*
(Genève, 1797-1798). Le *Traité de législation civile et pénale* (1802) et la *Théorie
des peines et des récompenses* (1811) furent publiés en France sous la direction de
Dumont.

membres les plus distingués de la minorité libérale du sénat et du parti philosophique, des Tracy, des Lanjuinais, des Lenoir-Laroche, des Lambrechts, des Volney, des Cabanis, MM. Comte et Dunoyer y avaient puisé l'horreur de la tyrannie, et c'est pour en empêcher le retour qu'ils avaient pris la plume. Telles sont les idées que, dans ses premiers numéros, le *Censeur* exprimait et développait d'un ton ferme et grave, qui contrastait singulièrement avec la plupart des écrits récemment publiés. En somme, c'était un appui plutôt qu'un danger pour le gouvernement constitutionnel du 4 juin, si ce gouvernement eût marché droit dans sa voie ; mais il devait rencontrer dans la nouvelle feuille un censeur inflexible toutes les fois qu'il s'en écarterait. » [31]

Cependant, le gouvernement dévia rapidement des principes consacrés dans la Charte. Cela était vrai en ce qui concernait la liberté de la presse, qui pour Comte et Dunoyer était la base de toutes les autres libertés. Le respect de la liberté de la presse avait été admis dans la déclaration royale de Saint-Ouen le 2 mai 1814. La Charte du 4 juin stipulait à l'article 8 : « Les Français ont le droit de publier et de faire imprimer leurs opinions, en se conformant aux lois qui doivent réprimer les abus de cette liberté ». Une interprétation alternative de cet article fut fournie par le gouvernement presque immédiatement. Le concept de punition suivant l'accomplissement d'un acte fut considéré par Dunoyer durant toute sa vie comme la base du droit ; le concept de prévention par le gouvernement fut rejeté par Dunoyer jusqu'à la fin de sa carrière. Le ministre de l'Intérieur, l'abbé de Montesquiou, déclara que « punir » et « prévenir » étaient synonymes et présenta devant la Chambre des Députés le 5 juillet 1814 un projet de loi interprétant la punition de la même manière que la prévention. La loi proposée était le travail de Royer-Collard, le directeur de la librairie, et de Guizot, secrétaire général du Ministère de l'Intérieur, deux figures dominantes au sein du parti de la Restauration, connus sous le nom des *Doctrinaires*. Cette loi passa finalement sous la législature et devint effective le 21 octobre 1814. Selon Hatin :

---

[31] Eugène Hatin, *Histoire politique et littéraire de la presse en France. La presse moderne, 1789-1860. La presse sous la Restauration*, Genève, Slatkine Reprints, 1967, Paris, 1859-1861, VIII, pp.82-86.

« La presse ne demeura pas muette. Un journal nouvellement fondé, et qui devait jouer un grand rôle et exercer une influence décisive dans ces années de crise, le *Censeur*, dont nous parlerons bientôt, s'éleva surtout avec une grande force et une grande hardiesse contre cette loi, « aussi despotique au fond qu'elle était libérale dans la forme. » […] Ce ne fut pas seulement l'unique journal libéral de l'époque qui attaqua le projet de loi. » [32]

Des journaux royalistes modérés comme le *Journal de Paris* et le *Journal des Débats*, attaquèrent la loi, mais l'effort de la contre-attaque des ultra-royalistes était concentré sur *Le Censeur*. *La Quotidienne* « décrivait les libéraux comme des Jacobins de demi-solde et comparait *Le Censeur* au journal de Marat », *l'Ami du Peuple*.

La politique durant les mois succédant la Première Restauration n'inspira confiance ni à Dunoyer ni à Comte, dans la mesure où le gouvernement allait appliquer la nouvelle loi sur les écrits des journalistes. La nouvelle censure s'appliquait aux publications de moins de 320 pages ; la seconde sur les publications du septième volume du *Censeur* (10 novembre 1814, 6 septembre 1815) qui furent par conséquent publiées sous forme de livres. Comme Benjamin Constant décrivit avec acuité la situation dans son *De Monsieur Dunoyer et de Quelques-uns de ses ouvrages* :

« Les lois écrites, quelque absurdes qu'elles soient, ont cet avantage, qu'à force d'étude, on parvient à les éluder. La loi sur la presse soumettait à la censure les ouvrages au-dessous de vingt feuilles d'impression. Aussitôt des livres de vingt feuilles et demie se publièrent : et les écrivains qui, n'ayant qu'une vérité à développer, l'auraient énoncée en quatre pages, en cherchèrent d'autres qui réunies, pussent former un volume.

Telle fut l'origine du *Censeur européen*, dont les auteurs, MM. Comte et Dunoyer, se livrèrent avec bonne foi et avec courage, à la recherche, pour ainsi dire expérimentale, de la solidité des garanties que le nouveau pacte promettait à la nation. Des lois contraires à ces garanties ayant été proposées par un ministère timide et astucieux, et votées par des Chambres ignorantes et dociles, M. Dunoyer les combattit. Cette audace patriotique

---

[32] *Ibid*, pp.41-46, 49-52, 71-75

ayant soulevé contre lui des persécutions, il se montra, dans sa défense, plus occupé de l'intérêt public que du sien propre.

Il saisit, à ses risques et périls, cette occasion de dévoiler les vices de notre législation, l'insuffisance de la protection que les citoyens peuvent en attendre, et l'arbitraire que l'autorité puise dans les dispositions administratives et judiciaires léguées par l'empire à la monarchie.

Il conquit de la sorte, pour nous et à ses dépens, une partie de nos libertés ; car, bien qu'il ne soit point parvenu à obtenir pour elles les institutions qui les rendraient inviolables, son exemple et ses écrits ont popularisé des notions qui, lors même qu'elles ne sont pas consacrées en théorie, deviennent victorieuses en pratique, quand l'assentiment général les entoure. […] Les germes déposés, en 1814 dans le *Censeur Européen*, se sont développés et fructifient. » [33]

Ainsi, *Le Censeur* fut publié en tant que volume de plus de 320 pages sans aucune date annoncée par avance. Les dates de publication furent arbitrairement choisies à chaque impression d'un volume, afin d'éviter d'être considéré comme un périodique régulier. Le volume II était daté du 15 novembre 1814, le volume III du 20 décembre 1814, le volume IV du 1er mars 1815, le volume V du 18 avril 1815, le volume VI du 1er juin 1815 et le volume VII du 6 septembre 1815. Cependant, la plupart des copies furent saisies par le ministère de la police sous la Seconde Restauration, le 4 septembre 1815. Par conséquent, le second volume du *Censeur* fut publié dans l'intervalle d'un mois et demi. L'écoulement de plus de deux mois entre le troisième volume, le 20 décembre 1814, et le quatrième volume le 1er mars 1815, s'explique par l'implication de Charles Comte en tant qu'avocat du Général René Joseph Exelmans (1775-1852). Le Général Exelmans occupa un rôle de premier plan dans la défense de la France lors de l'invasion alliée de 1814. Il fut poursuivi en justice par le Ministre de la Guerre du gouvernement de Restauration, le Maréchal Soult, en 1814. Comte prépara l'affaire Exelmans en décembre 1814 et apparut devant le Conseil de Guerre de Lille le 23

---

[33] Benjamin Constant, *Mélanges*, Paris, 1829

janvier 1815, où Exelmans fut acquitté. Le délai de trois mois entre la publication des volumes six et sept, trois mois plus tard, se produisit pendant la transition entre les Cent-Jours et la Seconde Restauration.

Pendant les Cent-Jours, Dunoyer et Comte avaient refusé de quitter Paris, ce pourquoi ils furent condamnés par les Royalistes, et refusèrent de soutenir le nouveau régime impérial, ce pourquoi ils furent critiqués par les Bonapartistes. Leurs critiques acerbes des Cent-Jours amenèrent un bref retard dans la distribution du volume V dû à une confiscation temporaire. Constant et Carnot intervinrent à ce sujet et le Baron Legoux, Procureur Général, suspendit toutes les actions visant à poursuivre en justice le *Censeur*. Le rôle de Fouché dans le lancement de l'opération était suspecté, alors que Dunoyer et Comte rejetèrent ses demandes visant à ce qu'ils travaillent pour lui, dans son intérêt. Hatin commenta :

> « Je n'ai pu rencontrer ni le Père Nicolas, ni le Lys ; mais on pourra juger de leur langage par celui que tenait le *Censeur*, que nous avons entendu tout à l'heure gourmander si vertement les journaux sur leur pusillanimité, et qui tenait sans doute à leur prouver jusqu'où l'on pouvait oser. On dit que Fouché, voulant s'attacher les rédacteurs de cette feuille, leur avait offert la rédaction du *Moniteur* ; puis, sur leur refus, leur avait donné le choix des places qui pourraient leur convenir. Mais Comte et Dunoyer avaient repoussé ces offres, et ils étaient demeurés inflexibles dans leur opposition au gouvernement impérial, opposition qui, il faut bien le dire, n'était, dans la circonstance, ni très intelligente, ni très patriotique. » [34]

Hatin, entre autres, avait attaqué l'opposition libérale sous les Cent-Jours en la dépeignant comme non-patriote ; il contestait la critique du *Censeur* à l'égard du régime impérial alors que les troupes françaises faisaient marche vers la frontière pour aller à la rencontre des armées Alliées avant Waterloo. Le *Censeur* publiait des railleries à ce propos : « De l'influence de la moustache sur le raisonnement et de la nécessité du sabre dans l'administration ».

---

[34] Hatin, *op.cit.*, p.127

Cependant, les Cent-Jours eurent un profond impact intellectuel sur Dunoyer et Comte. Les prémisses du changement philosophique majeur en matière de pensée politique, économique et sociale peuvent être datées à partir de ce moment. Cet impact alla bien au-delà des railleries sur les militaires dans le gouvernement ou sur la légitimé du régime impérial, même si Hatin note l'importance de leur attitude sur cette question durant les Cent-Jours.

> « Le 20 avril, un mois après le retour de l'île d'Elbe, le *Censeur*, disait : "Le gouvernement n'est qu'un gouvernement provisoire. Peu importe que Napoléon ait été proclamé empereur par l'armée et par les habitants des pays où il a passé ; peu importe que les puissances coalisées aient ou non tenu les conventions qu'elles avaient faites avec lui : la France n'appartient ni aux soldats, ni aux habitants qui se sont trouvés sur la route de Cannes à Paris." » [35]

Dans l'atmosphère intense de répression du début de la Seconde Restauration, Dunoyer et Comte rencontrèrent l'hostilité des ultraroyalistes. Mais la saisie du septième tome du *Censeur* advint lorsque Fouché était encore Ministre de la Police et fut opérée à sa demande. Dunoyer et Comte arrêtèrent le périodique lors de la saisie du septième volume et poursuivirent leur action devant la cour pendant un an. Espérant que la décision de la cour serait en leur faveur, ils décidèrent de renouveler la publication après le 5 septembre 1816 — date qu'ils considéraient comme le début d'une troisième Restauration. Ils voulurent rééditer le septième volume du *Censeur* en tant que premier volume du *Censeur Européen*, leur nouveau périodique. Après plusieurs retards, ils anticipèrent le refus de leurs recours et lancèrent *Le Censeur Européen* sans le septième volume.

En ce qui concerne la suspension du *Censeur* après la saisie du septième volume en septembre 1815, Dunoyer et Comte déclarèrent plus tard :

> « La chambre des députés de 1845 fut convoquée — c'est le *Censeur* qui parle — et la majorité de ses membres montra tant

---

[35] *Ibid.*, p. 127

de violence que toute discussion devint impossible. Ne pouvant se mettre du côté d'un parti qui, dans ses résolutions, semblait ne prendre pour guide que ses fureurs, et ne voulant pas soutenir un ministère qui se montrait beaucoup trop faible quand il défendait la justice, et beaucoup trop fort quand il attaquait les principes constitutionnels, les hommes qui ne tenaient à aucune faction et qui n'aspiraient à aucune faveur n'eurent rien de mieux à faire qu'à se condamner au silence. Ce fut le parti que prirent les auteurs du *Censeur*. » [36]

Cependant, Dunoyer et Comte profitèrent bien de leur loisir forcé. Durant les années 1815 et 1816, ils réfléchirent profondément aux idées et aux concepts qu'ils avaient développés durant les Cent-Jours à partir des débats de l'époque. De ces réflexions, commençant au printemps de 1815, vint la nouvelle direction de leur pensée, *l'industrialisme*, qui s'exprima d'abord dans le périodique qu'ils lancèrent à l'automne 1816, *Le Censeur Européen* et qui eut un impact majeur sur la pensée sociale du XIXème siècle.

Les commentateurs contemporains de la Restauration témoignent de la haute estime dont le journalisme de Dunoyer et de Comte jouissait. Les auteurs de la Restauration étaient classés selon la conscience et le talent par Lebrun-Tossa dans ses *Consciences littéraires d'à présent, avec un tableau de leurs valeurs comparées, indiquant de plus, les degrés de talent et d'esprit par un jury de vrais libéraux* : [37]

	Conscience	Talent
Chateaubriand	0	10
Constant	10	10
Dunoyer & Comte	10	8
A. Thierry	10	4
Saint-Simon	10	3
Arnold Scheffer	10	2
Royer-Collard	7	4

---

[36] *Ibid.*, p. 281.
[37] Ephraïm Harpaz, « Sur un écrit de jeunesse d'Augustin Thierry », *Revue d'histoire littéraire de la France*, LIX, n° 3, p.344. Voir aussi *Des Journalistes et des journaux*, Paris, 1817, cité dans Hatin, *op.cit*, pp.211-213

Guizot	0	3
Fiévée	0	7

L'arrivée au pouvoir du gouvernement Decazes encouragea Dunoyer et Comte à lancer le *Censeur Européen* à la fin de 1816 (ce fut publié en douze volumes jusqu'au 17 avril 1819). Mais en juin 1817, le troisième volume fut saisi dans le cadre d'une affaire complexe soumise à la pression d'importants fonctionnaires du gouvernement et prit la forme d'une accusation de Bonapartisme à l'encontre de Dunoyer et Comte. Comte prit la fuite pour éviter l'arrestation et partit se cacher ; Dunoyer fut arrêté et l'édition du *Censeur Européen* fut placé dans les mains de leur principal assistant, Augustin Thierry, qui saisit l'occasion pour placer dans *Le Censeur Européen* plus de 300 pages de ses *Vues de la Révolution d'Angleterre*. Dunoyer fut détenu pendant un mois dans la prison de Force, puis fut ensuite transféré à Rennes où le procès du gouvernement à son encontre fut initié. Les notables libéraux supportèrent Dunoyer en tant que garants et organisèrent une association pour supporter les coûts légaux de ce procès et de d'autres portants sur la presse. Dunoyer, défendu à Rennes par Mérilhou, fut reconnu coupable, mais ce procès contribua au développement de la conscience libérale en France, et particulièrement dans la France de l'Ouest. Le *Journal général* fut suspendu, car il décrivait l'une des sérénades présentée à Dunoyer devant la prison par la jeunesse de Rennes. Les appels réduisirent la sévérité des peines mais non la condamnation.

> « C'est à propos de ce procès du *Censeur* que l'on vit paraître pour la première fois, sous forme de consultation, de grands manifestes de doctrine politique signés par les membres les plus considérables du barreau. M. Mérilhou, défenseur de MM. Comte et Dunoyer, produisit à l'appui de sa plaidoirie une consultation de vingt et un avocats, parmi lesquels on remarquait MM. Dupin, Persil, Parquin, Hennequin, Mauguin, Berryer fils, et quelques autres noms qui devaient trouver la célébrité dans ces luttes de presse. Cette consultation portait principalement sur les principes. Le rédacteur, M. Dupin, y établissait la fameuse distinction « entre les attaques qui seraient dirigées contre la personne ou l'autorité constitutionnelle du roi, et les critiques

dirigées seulement contre ses ministres ou les actes de son gouvernement ». [38]

Avec l'adoucissement des lois sur la presse, Dunoyer et Comte
décidèrent de publier *Le Censeur Européen* sous la forme d'un
quotidien. Ce fut publié en deux volumes du 15 juin 1819 au 23
juin 1820 mais interrompu dans le contexte des réactions à
l'assassinat du Duc de Berry en février 1820 ; le *Censeur Européen*
fusionna avec le *Courrier français*. Cependant Hatin a indiqué les
origines de la réaction opérée par Decazes contre la *Société des amis
de la liberté de la presse*, qui avait été établie par des notables libéraux
en 1817 pour la défense de Dunoyer et qui continua de défendre
Le Censeur Européen et d'autres périodiques lors de procès à l'encontre de la presse. La société était le cœur de l'activité politique
radicale amenant les victoires électorales de la gauche en 1817,
1818 et 1819. Les dirigeants de la société furent condamnés et
celle-ci fut dissoute. La Société avait un comité directeur composé
des membres les plus résolus comme les membres de *l'Union
Libérale* de Paris. L'*Union Libérale* apparait comme une vague
coalition éparse impliquant des notables parisiens, la jeunesse
parisienne, et des gens de province, concentrée autour du salon de
Lafayette à Paris et son château à Lagrange. Les membres étaient
connus pour inclure des législateurs comme Lafayette, Voyer
d'Argenson, Dupont de l'Eure, De Corcelles père, le Général J.-J.
Tarayre, le Général M.-J Demarchy, des journalistes comme
Dunoyer, Comte, Chatelain du *Courrier Français* et Desloges du
Journal du Commerce, des avocats comme Joseph Mérilhou et
Odilon Barrot et un groupe plus jeune comprenant Victor
Cousin, François de Corcelle fils, Félix Barthe, Augustin Thierry
et les frères Scheffer : Ary, Henry et Arnold qui était le secrétaire

---

[38] *Ibid.*, pp.287-289. Peut-être en raison de ses poursuites, Dunoyer devint de plus
en plus actif derrière la scène de l'activité politique radicale, comme pour la
campagne législative de Lafayette à l'automne 1818 : « Le candidat victorieux
arriva à Paris au début de novembre 1818 accompagné par ses amis Dunoyer et
Victor de Broglie ». Maurice de la Fuye et Emile Barneau, « The Phase of Abor-
tive Conspiracies », *The Apostle of Liberty: a Life of La Fayette*, London, Thames
& Hudson, 1956, pp.243-245

de Lafayette. J.-B. Say, dont la fille, Adrienne, se maria avec Charles Comte en 1818, fut mentionné comme participant. [39]

Le rôle de Say, comme celui de Dunoyer et Comte, dans l'activité politique révolutionnaire en 1820, bien qu'inattendu n'est pas insolite. Theilac a dit :

> « Si nous voyons donc en J.-B. Say l'homme de la révolution politique française et de la révolution industrielle anglo-française, l'homme de l'Idéologie politique et de l'Utilitarisme économique, c'est qu'il allie non seulement un rationalisme classique formel à un naturalisme économique fondamental, mais à ce naturalisme économique le rationalisme politique. » [40]

John Stuart Mill rendit visite à Say à Paris en 1820 et observa : « Il appartenait à la dernière génération des hommes de la Révolution Française ; il était l'idéal-type du vrai républicain français ». De la même façon, Auguste Blanqui indiqua : « J'ai eu bien jeune l'honneur de connaître le plus éminent des économistes français : J.-B. Say. Il avait des idées très révolutionnaires pour le temps. Il détestait à la fois les Bourbons et Bonaparte, contradiction apparente qui me remplissait d'étonnement ». [41] En 1824, Frédéric Jean Witt fut interrogé par la police bavaroise sur les activités révolutionnaires. Witt vint à Paris de 1818 à 1820, où il déclara avoir été en contact avec Lafayette, Comte et Dunoyer et se proclama lui-même leur moyen de communication avec les éléments radicaux en Allemagne. [42]

La réaction de 1820 introduisit une loi sur la presse le 31 mars qui demandait la soumission de tous les périodiques à la censure avant publication et allouait au gouvernement le pouvoir de suspendre n'importe quelle publication accusée d'infraction à la loi avant même une décision judiciaire. La Fayette, en mars 1820,

---

[39] Hatin, *op.cit.*, pp.307-313 ; Alan B. Spitzer, *Old Hatreds and Young Hopes, the French Carbonari against the Bourbon Restoration*, Cambridge, Massachusetts, Harvard University Press, 1971, pp.33-35, 38, 212-215, 242
[40] Theilac, *op.cit.*, p.50
[41] Theilac, *op.cit.*, p.49
[42] Spitzer, *op.cit.*, pp.203-204

dit de la loi sur la presse que c'était une violation de la Charte : « la violer c'est l'annuler, dissoudre les garanties mutuelles de la nation et du trône, nous ramener à l'autonomie primitive de nos droits et de nos devoirs ». Le Général Tarayer, en juin, déclara aux députés : « La Charte est violée et il ne demeure plus en France aucun moyens ordinaires et légaux de se défendre contre un gouvernement mal intentionné ». Le gouvernement changea le système électoral, présentant en mai 1820 une loi sur le double vote, faisant pencher la balance électorale en faveur des riches propriétaires. Les libéraux se retirèrent de la Chambre des Députés pour le reste de la session, et la Droite accusa la Gauche de se préparer à se tourner vers les actions illégales. Il y eut des manifestations à Paris menant à une émeute le 5 juin. Dans cette atmosphère, la publication du *Censeur Européen* fut suspendue le 23 juin 1820. De là suivit une tentative de conspiration militaire dans laquelle le cercle de Lafayette, dont principalement Arnold Scheffer, était impliqué : le complot du 19 août 1819. Charles Comte partit en exil en Suisse ; Dunoyer resta à Paris où il était impliqué dans les procès du gouvernement contre *Le Censeur Européen*. [43]

Charles Comte s'installa dans le canton de Vaud qui le nomma professeur de droit naturel à l'Université de Lausanne en 1821. Witt le présenta, soit à Paris soit en Suisse, à Karl Follen, un ex-réfugié politique de l'Université prussienne d'Iéna. Suite à l'assassinat de Kotzebue en mars 1819, Follen fut forcé de quitter la France pour la Suisse. Follen devint professeur de droit à l'Université de Bâle. Suite aux révélations de Witt à la police bavaroise en avril 1824, le gouvernement prussien exigea le transfert de Follen, à qui on offrit refuge aux États-Unis et qu'on nomma au sein du corps enseignant de l'Université d'Harvard (1825-1833) où il devint un chef de file de l'abolitionnisme. De la même façon, Comte fut forcé de quitter la Suisse le 15 mai 1824 quand, sur les bases des déclarations de Witt, le gouvernement français intervint

---

[43] *Ibid.*, p.37-50 ; les membres d'un comité furent inculpés devant la cour d'assises le 29 juin 1820 incluant Lafayette, Comte et Barrot. Lafayette et d'autres furent acquittés, mais Comte fut jugé coupable et condamné à cinq ans d'exil. Barrot rendit visite à Comte aussi bien en Suisse qu'en Angleterre. Cf. Almeras, *Barrot*, pp.23-28

contre Comte avec le gouvernement de Vaud. Comte et sa femme passèrent dix-huit mois en Angleterre en compagnie de James et de John Stuart Mill et d'autres philosophes radicaux. [44]

Comte retourna en France aux termes de ses cinq années d'exil[45], et devint un contributeur à *La Revue Américaine* que Lafayette avait fondé à son retour d'Amérique en octobre 1825. Les autres éditeurs étaient Voyer d'Argenson, Arnold Scheffer et Armand Carrel, et Augustin Thierry en tant que secrétaire. Comte écrivit un important traité sur la propriété et publia sur des sujets similaires. Il fut actif dans l'opposition qui aboutit à la Révolution de Juillet 1830. Lorsque que Barrot devint Préfet de la Seine, Comte fut nommé procureur du roi. Mais il démissionna en 1831 et fut élu député à Mamers (Sarthe) et réélu en 1834. En 1832, Comte et Barrot s'employèrent à défendre les journaux contre les poursuites croissantes du gouvernement. En 1832, Comte fut nommé secrétaire perpétuel de l'Académie des Sciences Morales et Politiques, fraîchement rétablie. Il mourra le 13 avril 1837. [46]

---

[44] Spitzer, *op.cit.*, p. 205.

[45] Auguste Comte commenta l'arrivée de Charles Comte à Paris : « Comte du *Censeur* est de retour depuis peu à Paris, où il va s'établir définitivement. Il est revenu de son exil plus encroûté que jamais dans la direction bâtarde de l'économie politique. Il va bientôt faire un livre tout à fait à l'ordre du jour, pour prouver que toutes les théories qui ne sont pas immédiatement applicables à la pratique industrielle doivent être sur-le-champ abandonnées et méprisées. Voilà un homme conséquent à faire peur ! C'est lui qui a écrit dans le temps que, si l'astronomie était vraiment utile, les particuliers sauraient bien la payer et partant qu'il fallait supprimer l'Observatoire ». Ce fut écrit le 24 novembre 1825. Henri Gouhier, *La jeunesse d'Auguste Comte et la formation du positivisme*, tome III, *Auguste Comte et Saint-Simon*, Paris, Librairie Philosophique J. Vrin, 1941, pp.330-331.

[46] Harpaz, « Jeunesse d'Augustin Thierry », p.349 ; Almeras, *op.cit.*, p.98. Le 6 novembre 1830, Charles de Lameth dénonça les abus de la liberté de la presse ; le 9 novembre, le procureur du roi, Charles Comte, demanda à Lameth de rendre public de tels travaux à la Cour aussi bien qu'aux citoyens. Lameth déclara que Comte cherchait à établir un contrôle judiciaire des décisions législatives. La Chambre nomma un comité présidé par Antoine Vatismesnil qui en tant que procureur pendant la Restauration n'avait jamais supporté les privilèges des parlementaires, mais avait été une force majeure dans la poursuite judiciaire de Dunoyer et Comte. Tout en déclarant que l'action de Comte avait enfreint les droits de la Chambre et en approuvant le refus de Lameth d'accepter la requête de Comte, le comité excusa Comte sur la base des circonstances et des déclarations qu'il avait

Quand la publication du *Censeur Européen* fut suspendue en juin 1820, Dunoyer se trouvait être un journaliste politique de la plus haute réputation, réputation qui allait durer. Hatin a dit :

> « Nous avons vu quels reproches on pouvait faire aux auteurs du Censeur, et quant au fond et quant à la forme ; mais ils ont l'incontestable mérite d'avoir osé les premiers, depuis la Restauration, professer avec franchise les principes constitutionnels dans toute leur intégrité, et de les avoir constamment soutenus, sans faire jamais aucune concession à l'esprit militaire ou bonapartiste ; ils ont encore le mérite peu commun de s'être dévoués eux-mêmes pour prouver par l'expérience faite sur eux les vices de la législation qui régissait alors la presse. Parmi les collaborateurs de MM. Comte et Dunoyer, nous nommerons Scheffer, J.-B. Say, Daunou, dont les articles sur les garanties furent très remarqués. Paul-Louis Courier y publia, entre avril 1819 et juillet 1820, des lettres où l'on trouve l'idéal de sa politique, et où commence à se dessiner la forme originale de son style. Il dit, par exemple, dans l'un de ces petits pamphlets : « La nation fera marcher le gouvernement comme un cocher qu'on paie, et qui doit nous mener, non où il veut et comme il veut, mais où nous prétendons aller et par le chemin qui nous convient. »

> Le *Censeur*, dit M. Nettement, était le drapeau de l'école stoïque, c'est-à-dire de celle qui voulait l'application complète et immédiate du principe de perfectibilité politique, de liberté, presque absolue, sans tenir assez compte des difficultés pratiques que rencontrait la Restauration. C'était, à vrai dire, une renaissance du mouvement de 89, avec cet optimisme théorique qui prend sa source dans les meilleures intentions, mais qui n'en suscite pas moins de graves périls. » [47]

Pendant la dernière décennie de la Restauration, Dunoyer resta actif dans l'opposition politique, et associé avec des Lafayettes, des Broglies et des Staëls. En 1822, Dunoyer écrivit un pamphlet,

---

faites. En s'opposant aux conclusions du comité, Benjamin Constant délivra son dernier discours à la Chambre le 19 novembre 1830. Constant soutint que Comte avait le droit de demander à Lameth de se soumettre à n'importe quel fait ; que Lameth avait le droit de refuser en accord avec sa conscience ; et la chambre n'avait aucun droit de juger Comte parce que ce n'était pas un pouvoir de la législature. Benjamin Constant, *Écrits et discours politiques*, commentaires par O. Pozzo di Borgo, Paris, Chez Jean-Jacques Pauvert, 1964, II, pp.160-169

[47] Hatin, *op.cit.*, p. 290.

Lettre à un électeur du département, et un autre en 1824, *Du droit de pétition à l'occasion des élections*. Dunoyer et Comte devinrent membres (en février 1826) de l'organisation initiatrice, « Aide toi et le Ciel t'aidera » (slogan qui allait être utilisé lors de la Révolution de Juillet) qui était « La Société des Sciences Morales et Politiques », sous l'égide de Benjamin Constant et qui comprenait Barrot, Mérilhou, Mauguin, le duc de Broglie, Auguste de Staël et Guizot. [48] La contribution publique de Dunoyer aux Journées de Juillet prit la forme d'une lettre ouverte dans *Le National* (26 juillet 1830) déclarant son refus de payer des impôts tant que les ordonnances de Charles X n'étaient pas révoquées.

On peut définir le rôle politique de Dunoyer pendant la Restauration comme celui de maître à penser idéologique et comme celui de stratège et conseiller, plutôt que comme celui de chef politique, malgré l'importance qu'il prit à partir de ses nombreux procès politiques et de ses emprisonnements politiques médiatisés. Guillaume de Bertier de Sauvigny a bien reconnu le rôle politique unique qu'a joué Dunoyer :

> « *Le Censeur*, à vrai dire, malgré son puissant intérêt pour l'histoire des idées, représentait une voix relativement isolée ; ses rédacteurs, Comte et Dunoyer, étaient trop soucieux de s'élever au-dessus des passions partisanes de leur époque, trop orientés vers l'avenir de la société industrielle naissante, pour que l'on puisse les considérer comme représentatifs d'une section notable de l'opinion. » [49]

Le rôle politique de Dunoyer d'idéologue et de conciliateur était indissociable de l'importance intellectuelle que Bertier de Sauvigny lui attribuait à juste titre. Cette activité continua à être manifeste dans la presse périodique de la fin de la Restauration, dans la *Revue encyclopédique*, dans le *Journal des débats*, et dans la *Revue*

---

[48] Almeras, *op.cit.*, p. 37-38
[49] G. de Bertier de Sauvigny, « Préface », dans Ephraïm Harpaz, *L'école libérale sous la Restauration, Travaux à l'Éthico-Politique*, Genève, Librairie Droz, 1968, XVI, p.ix ; M. Girard, « Les libéraux de Gauche ou Indépendants de 1814 à 1824 », dans *Le Libéralisme en France de 1814 à 1848 : doctrine et mouvement*, Paris, Centre de Documentation Universitaire, 1966, I, pp.148-168, II, pp.151-158.

Française. Mais le centre de la contribution intellectuelle de Dunoyer était la continuité et l'organisation des idées, particulièrement *l'industrialisme*, qui avait été conçu et développé dans le *Censeur* et le *Censeur Européen*. À partir de la suspension du *Censeur Européen*, Dunoyer entreprit un cycle de conférences à l'Athénée de Saint-Germain, où Jean-Baptiste Say avait donné des cours d'économie pendant plusieurs années et où Benjamin Constant avait initié ses cours de pensée politique. Ces conférences de Dunoyer formèrent la base de son livre publié en 1825, *L'industrie et la morale considérées dans leur rapport avec la liberté*. Une version révisée fut publiée en 1830, *Nouveau traité d'économie sociale, ou simple exposition des causes sous l'influence desquelles les hommes parviennent à user de leurs forces avec le plus de liberté, c'est-à-dire avec le plus de facilité et de puissance* (la majeur partie de cette publication fut détruite par le feu avant sa publication en 1830). [50]

Dunoyer était apparenté à la vaste société d'intellectuels considérés comme les derniers Idéologues ou disciples des Idéologues. Dunoyer faisait le pont entre les économistes Idéologues, Destutt de Tracy et Say, les historiens Volney et Daunou, et les jeunes disciples comme Augustin Thierry et Victor Jacquemont, dont les amis, en plus de Dunoyer, comprenaient Fauriel, Mérimée, Monzoni et Stendhal. [51] Cependant, contrairement à l'approche généralement littéraire des derniers Idéologues, Dunoyer amena la précision des attitudes scientifiques de Say et de Tracy à leurs conclusions logiques. L'optimisme radical de leur philosophie naturaliste était tel que, selon Roger Soltau, « Jean-Baptiste Say proclamait sa confiance dans la marche naturelle des choses, Dunoyer anticipait Spencer (selon Taine) dans sa défense absolue de la liberté du travail, Garnier niait même le droit pour

---

[50] Albert Schatz, « Charles Dunoyer et la définition de la liberté », *L'individualisme économique et social*, Paris, Librairie Armand Colin, 1907, pp.195-215 ; Gaston Richard, « La philosophie et l'industrialisme économique : l'école positiviste. Ses origines », *La question sociale et le mouvement philosophique au XIXᵉ siècle*, Paris, Librairie Armand Colin, 1914, pp.97-119 ; René Gonnard, « L'industrialisme : J-B Say », et « Dunoyer », *Histoire des doctrines économiques*, Paris, Nouvelle Librairie Nationale, 1922, II, pp.252-264, 278-283
[51] F. Picavet, *Les Idéologues*, Paris, Félix Alcan, 1891, pp.334-409, 419-422, 479-489.

l'État de battre monnaie, Bastiat [Soltau citant Guido de Ruggiero] était un écho à l'optimisme du XVIIIème siècle avec son identification des intérêts privés et publics et son hostilité à l'égard de l'État qui caractérise le libéralisme originel. » [52]

Dunoyer s'opposait à toute législation tendant à empêcher des relations volontaires par des mots ou par des actions entre les individus. Si, finalement, il ne devait y avoir que l'application d'une décision judiciaire lorsqu'un crime était commis, il serait par exemple immoral d'établir une réglementation sur la pratique de la médecine. N'importe qui se chargeant de sa pratique accepterait le risque de sanctions judiciaires si la blessure s'avérerait criminelle. Les relations seraient définies par les moyens de contrats, de garanties de sécurité et d'assurance. La production de sécurité et la justice seraient le résultat des lois du marché. Comme Albert Schatz le note en référence aux idées de Dunoyer :

> « Ainsi entendue, la fonction gouvernementale ne réclame qu'un petit nombre d'agents, la masse des travailleurs demeurant disponible pour accroître la somme des utilités sociales autres que la sécurité. Il convient donc de diminuer le nombre et des fonctions publiques et des fonctionnaires, et d'employer à cette fin le seul moyen efficace, qui est de réduire les émoluments ou salaires. Peu importe d'ailleurs l'enseigne de la Compagnie chargée de veiller à la sûreté commune, qu'elle soit monarchie ou république, pourvu qu'elle coûte peu et ne vexe point, qu'elle réalise progressivement cet idéal d'une société si parfaitement éduquée, que le gouvernement puisse disparaître, en laissant aux habitants la pleine jouissance de leur temps, de leurs revenus et de leur liberté. » [53]

La précision de la pensée de Dunoyer, dans la lignée de Tracy et Say, et dérivée d'attitudes scientifiques, contribua à la relation étroite qu'il eut avec Auguste Comte. Henri Michel a appelé Du-

---

[52] Roger Henry Soltau, *French Political Thought in the 19th Century*, New York, Russell & Russell, 1959, p.130 ; Guido de Ruggierro, *The History of European Liberalism* (traduction R.G Colinwood), Boston, Beacon Press, 1959, p. 187 ; sur Dunoyer et *Le Censeur*, *ibid.*, pp.172-173, 453
[53] Schatz, *op.cit.*, pp.210-211.

noyer « le positiviste avant le positivisme ». [54] Dunoyer fut familier avec Auguste Comte quand celui-ci devint secrétaire de Saint-Simon au milieu de 1817, suite à la rupture entre Augustin Thierry et Saint-Simon, et à sa collaboration complète avec Dunoyer pour le *Censeur Européen*. Après la démission de Comte qui avait passé deux ans en tant que secrétaire de Saint-Simon, il écrivit lui aussi dans le *Censeur Européen* et demeura en contact intellectuel (lorsque tous les autres contacts étaient exclus) avec Dunoyer tout le long de sa vie (Comte est mort en 1857). Henri Gouhier dans *La Jeunesse d'Auguste Comte et la formation du positivisme*, t. III, *Auguste Comte et Saint-Simon*, met en avant le rôle de Dunoyer dans la vie de Comte. Dans *l'Appendice I, Le Censeur Européen*, Gouhier dit :

> « La pensée libérale et antiféodale s'exprime discrètement dans les feuilles constitutionnelles, le *Journal de Paris* et le *Journal Général de France*, plus librement dans *Le Censeur* de Charles Comte et Charles Dunoyer, « dont chaque livraison faisait l'événement » (Houssaye, *1815, La première Restauration...*, p. 67).

> Cette publication joue un certain rôle dans la formation du positivisme [...]. Auguste Comte fait partie de l'équipe de 1819. [...] Enfin, il y a autour de cette revue un milieu intellectuel et politique : « l'école positive de MM. Comte et Dunoyer » écrit Sainte-Beuve (*Causeries du lundi*, t. II, 6e édition, Garnier, *M. de Broglie*, p. 381). Les jeunes étaient fiers d'y être admis. Le fondateur de la sociologie ne l'avait jamais oublié ; en 1857, il appelait *Le Censeur* « l'unique recueil périodique que la postérité distinguera dans le journalisme français » (*Système...*, t. IV, Préface de l'Appendice général, p. II). Ses rapports personnels avec Dunoyer ont toujours été clairs ; l'économiste lui envoie ses livres et Comte ne cesse d'éprouver pour lui une profonde estime ; en 1845, à une époque où ses lectures sont pratiquement réduites à quelques informations, il se permet « une exception spéciale à sa sévère hygiène cérébrale » (à Mill, 28 février 1845, p.410) en ouvrant *La liberté du travail*. « En somme, dit-t-il à John Stuart Mill, M. Dunoyer que je connais depuis vingt-cinq ans, m'a toujours semblé celui de mes prédécesseurs immédiats qui méritait le mieux l'ensemble de mes sympathies (à Mill, p.409) ». À diverses reprises, Comte a signalé ce qu'il devait à son œuvre.

---

[54] Henri Michel, *L'idée de l'Etat, Essai critique sur l'histoire des théories sociales et politiques depuis la révolution,* Paris, Hachette, 1895, p.345

C'est Dunoyer et non J.-B. Say qui figure comme adjoint à Adam Smith dans le calendrier positiviste. » [55]

C'est dans l'émergence du concept de science sociale qu'Auguste Comte trouvait un terrain commun avec Dunoyer. *Le Censeur Européen*, qui parlait d'un « bréviaire laïc pour les libéraux » en recommandant fortement *l'Essai historique sur la puissance temporelle des papes* (4ème éd., 1818, 1er édition, 1810) de Daunou, était bien loin du *Pape* (1821) de Joseph De Maistre, que Comte décrivait comme la source principale de ses idées plus que n'importe quel autre livre. L'anarchisme, l'individualisme et la tolérance de Dunoyer étaient en opposition avec les inquiétudes de Comte concernant le déclin des valeurs traditionnelles et son hostilité aux divergences intellectuelles. [56] L'infaillibilité et la domination de la société postulé par de Maistre était chose séduisante pour Comte au début des années 1820. Les programmes des gouvernants étaient acceptables en contraste à la critique radicale de l'opposition.

La critique de Dunoyer du concept de perfectibilité indéfinie, cependant, bien que louée par Comte, l'impliqua dans un débat majeur avec Benjamin Constant, mais la conséquence immédiate fut une rupture temporaire avec Stendhal. Fernand Rude dans « La Querelle des Industriels » (1825), *Stendhal et la Pensée sociale de Son Temps*, en décrivit les circonstances, en commençant par la publication du livre de Dunoyer. [57]

> « Dans une lettre au *London* Magazine, datée du 11 octobre 1825, il annonce que Charles Barthélémy Dunoyer, qui en collaboration avec Charles Comte, avait publié *Le Censeur Européen* et qui est « l'un des plus puissants cerveaux de France » est sur le point de faire paraître « un profond traité » intitulé « la morale et l'industrie considérées dans leurs rapports avec la liberté ». À l'inversion près de l'industrie et de la morale, c'est en effet le

---

[55] Gouhier, *La jeunesse*, p. 408-409.

[56] Soltau, "The authority of Science, I. Auguste Comte", *French Political Thought*, pp.203-215

[57] Fernand Rude, *Stendhal et la pensée sociale de son temps*, Paris, Plon, 1967, pp.101-180

titre exact. « Le livre de M. Dunoyer est trop vrai pour être prôné… Son livre est un tableau fidèle de l'état de notre société durant les trente-cinq dernières années. En un mot, son ouvrage est un très bon supplément à *l'Histoire de la Révolution* de Mignet. »

Dans une autre lettre du 18 novembre 1825, le « petit neveu de Grimm » qualifiait cet ouvrage d' « admirable » et se félicitait de son succès qui, dit-il « à ma grande surprise… va crescendo. Tous les gens qui font semblant de penser lisent M. Dunoyer. Il y a six ans, personne ne l'aurait compris ».

Il s'agissait là d'un cours que Dunoyer avait professé dans l'hiver de 1825 à l'Athénée et qui constituait un véritable plaidoyer pour l'industrialisme. C'est en fait l'ébauche de son ouvrage capital. […] L'épigraphe de ce livre en résume bien l'esprit : « Nous ne devenons libres qu'en devenant industrieux et moraux ». Voilà ce que Dunoyer a voulu démontrer. Et pour cela dit-il, il faut considérer, non pas les gouvernements mais les masses ; c'est dans l'état de leur industrie et de leur morale que sont tous les moyens de la liberté et tout ce qu'elle rencontre d'obstacles. Au long de son ouvrage, cet auteur ne séparera jamais en effet les progrès de l'industrie de ceux de la morale et de la liberté. « Sous le nom d'administration, je ne sais quel corps monstrueux, immense, étendant à tout ses innombrables mains, mettant des entraves à toute chose, levant d'énormes contributions, pliant par la fraude, la corruption, la violence, tous les pouvoirs politiques à ses desseins, soufflant partout l'esprit d'ambition qui le produit, et l'esprit de servilité qui le conserve ! ». Quel remarquable tableau, et qui n'a rien perdu de sa vigueur ! Plus encore qu'à Saint-Simon, ce réquisitoire fait penser à Proudhon. […] « [Le peuple industrieux] est celui où ce n'est plus la passion du pouvoir qui règne, mais la passion du travail […] ». Dans le commencement, les classes dominatrices étaient tout, et les classes laborieuses rien ; à la fin, les classes dominatrices ne seront rien, du moins comme dominatrices, et les classes laborieuses seront tout, la société sera constituée pour le travail ». [58]

Pour Dunoyer, *l'industrialisme* était l'exact opposé du vol. Toute action qui n'était pas le fruit d'un choix librement choisi constituait un vol. C'était pourquoi il admirait les constitutions des

---

[58] *Ibid.*, p. 105-109

États révolutionnaires d'Amérique, particulièrement celle de Pennsylvanie ; c'était un modèle parce que le gouvernement apparaissait avoir le caractère d'une entreprise industrielle au sein de laquelle tout le monde tenait lieu d'associé volontaire. De la même façon, il admirait la décentralisation de l'Amérique qu'il croyait être le résultat de l'*industrialisme* américain. L'*industrialisme* dissoudrait les états puisque l'universalité de l'humanité était enracinée dans la liberté du travail :

> « C'est l'esprit de domination qui a formé ces agrégations monstrueuses ou qui les a rendues nécessaires ; c'est l'esprit d'industrie qui les dissoudra : un de ses derniers, de ses plus grands et de ses plus salutaires effets paraît devoir être de municipaliser le monde. [...] les centres d'actions se multiplieront ; et finalement les plus vastes contrées finiront par ne présenter qu'un seul peuple, composé d'un nombre infini d'agrégations uniformes, agrégations entre lesquelles s'établiront, sans confusion et sans violence, les relations les plus compliquées et tout à la fois les plus faciles, les plus paisibles et les plus profitables. » [59]

Rude note que dans sa lettre du 18 novembre 1825, Stendhal singularise un aspect remarquable du livre de Dunoyer :

> « C'est là un passage qui a particulièrement frappé Stendhal. « M. Dunoyer, également intrépide à blâmer le peuple de France, comme à attaquer ses tyrans, au lieu de le flatter bassement à la façon du Constitutionnel, lui dit courageusement la vérité... M. Dunoyer est le seul écrivain libéral qui ne flatte pas la nation et ose lui dire : "Vous vous faites esclaves, c'est pourquoi vous avez des tyrans. Aucun peuple n'a jamais plus de liberté qu'il ne force son souverain à lui accorder." » [60]

Les contacts entre Dunoyer et Stendhal étaient basés sur des amis en commun, comme le jeune Victor Jacquemont ou le plus âgé Destutt de Tracy. Pendant deux décennies, Stendhal avait étudié l'économie ; il se considérait lui-même comme un disciple

---

[59] Charles Barthélémy Dunoyer, *L'industrie et la morale,* Paris, Sautelet, 1825, p. 336-337.
[60] Rude, *op.cit.*, p. 113.

de Smith, Say et Tracy. [61] Dunoyer étant l'écrivain et le confé-
rencier principal dans la continuité des contributions de Say, il
était naturel que Stendhal connaisse Dunoyer, tout comme le fait
de s'intéresser au développement de *l'industrialisme*. Au même titre
qu'avec *l'Esquisse* de Condorcet, et les *Ruines*, le jeune Stendhal
avait été fortement influencé par les écrits de William Godwin, et
louait le travail de Godwin au début des années 1820. Les héros
de Godwin qui étaient « en guerre ouverte avec leurs oppres-
seurs », étaient une des inspirations pour *Le Rouge et le Noir* (1830)
de Stendhal. [62] *Le Rouge et le Noir* était inspiré de plusieurs sources
des années 1820 et incluait de la documentation que Stendhal
avait pris des manuscrits de son concitoyen défunt de Grenoble,
Barnave. [63] *L'Introduction à la Révolution Française* de Barnave, qui
alors n'était pas encore publiée, présentait une des affirmations les
plus précoces des éléments d'analyse caractérisant *l'industrialisme*.
Stendhal demeure une source potentielle expliquant le fait que
Dunoyer ait été informé de la pensée de Barnave avant la
publication de l'œuvre de Barnave en 1843 par Alphonse Marie
Bérenger de la Drôme (1785-1855). Rude écrit :

> « On sait la vénération que depuis ses plus jeunes années
> Stendhal avait pour Barnave, « cette grande âme ». Il en parle à
> plusieurs reprises dans ses *Mémoires d'un touriste* et il note même :
> « Si j'avais de l'espace, je citerais de lui un curieux manuscrit ».
> Stendhal connaissait en effet la sœur de Barnave, Mme Saint-
> Germain, et aussi Bérenger de la Drôme, qui devaient en 1843
> oublier les *Œuvres de Barnave*. » [64]

Le désaccord de Dunoyer avec Stendhal éclate à partir de l'impression, fin novembre 1825, du petit livre *D'un nouveau complot
contre les industriels*, publié par leur éditeur commun, Sautelet. Dunoyer était mécontent de la publication d'une attaque contre

---

[61] Rude, « Les « apprentissages » de Stendhal, 2. L'économie politique », *ibid.*,
pp.57-98.

[62] Rude, « Les « apprentissages » de Stendhal, 1. L'Idéologie », *ibid.*, pp.17-56.

[63] Emanuel Chill, « Introductory essay », *Power, Property, and History, Barnave's
Introduction to the French Revolution and Other Writings*, New York, Harper &
Row, 1971, p.70

[64] Rude, *op.cit.*, p. 235 ; Fernand Rude, dir., *Introduction à la Révolution Française*, Paris, Armand Colin, 1960.

l'industrialisme puisque son livre était le traité principal et le plus connu sur ce sujet. Stendhal avait été incité à écrire son pamphlet par *Le catéchisme des industriels* de Saint-Simon (publié en quatre cahiers entre décembre 1823 et juin 1824). Rude croit que *Le nouveau complot* a été écrit au début de 1825, mais que la publication a été reportée par la mort de Saint-Simon le 19 mai 1825, et reprise par Stendhal avec le lancement du magazine *Le Producteur* à l'époque du coup spéculatif des banquiers saint-simoniens. [65]

Dans le *Catéchisme*, Saint-Simon avait attaqué les « bourgeois », les avocats, les officiers militaires et les obligataires du gouvernement (groupe avec lequel Stendhal avait une certaine affinité) et décrivait le secteur de la banque comme une nouvelle forme d'industrie davantage élaborée qui aboutirait au règne des banquiers. Saint-Simon appelait à une union du centre-gauche avec le centre-droit, les industrialistes et les royalistes du gouvernement, contre les libéraux. Saint-Simon exprimait un plaisir certain à la destruction du parti libéral par le gouvernement royaliste et souhaitait que les industrialistes répudient le libéralisme parce que ses attitudes critiques et anti-organisationnelles avaient des aspects révolutionnaires. Stendhal voyait ce projet d'union des banquiers avec le gouvernement comme un complot contre les libéraux et les industrialistes. Stendhal déclarait sa foi dans l'économie et dans l'industrialisation. L'industrie était ainsi décrite comme « une des grandes forces de la civilisation » et il attendait avec impatience ses progrès puisque cela amènerait les français à « mettre en pratique la *Charte* ». En tant que partisan de la majorité productrice contre les gouvernants, Stendhal opposait aux gouvernants la substitution des « plus importants industriels » aux gouvernants en place. Stendhal craignait que le Saint-simonisme ne soit un détournement de la lutte pour la liberté, et ne constitue une arme contre le libéralisme, visant à consacrer le rôle du Baron de Rothschild et de l'autre demi-douzaine de banquiers majeurs. [66]

---

[65] Rude, *op.cit.,* p. 40
[66] Rude, *op.cit.,* pp.131-137

Le Producteur, qui était publié par les disciples de Saint-Simon, avec le support de nombreux banquiers menés par Jacques La-fitte, apparu le 1ᵉʳ octobre 1825 ; Cerclet était le rédacteur en chef tandis qu'Enfantin et Bazard étaient les éditeurs. Dans les premières publications figuraient une réimpression d'un chapitre du nouveau livre de Dunoyer, un compte-rendu écrit par Say et des articles d'Auguste Comte dans lesquels il affirmait qu'en dehors de la classe scientifique, les ingénieurs formaient une classe à part pour agir comme intermédiaires entre les industrialistes et les scientifiques (Comte soulignait aussi l'importance du pouvoir spirituel). Stendhal écrivit un article pour le *London Magazine* (le 11 octobre 1825) qui était en grande partie favorable, mais qui était le premier à lier les rédacteurs du *Producteur* à Saint-Simon. Cependant, ils avaient essayé de présenter l'ensemble de la nébuleuse des auteurs *industrialistes* plutôt que de se cantonner aux Saint-simoniens (chose qu'ils allaient faire par la suite). En effet, il y avait une présentation claire de la diversité d'analyse des *industrialistes*. Say, dans la revue *Political Economy* de McCulloch (*Le Producteur*, n°5, 29 octobre 1825), attaqua la théorie ricardienne de la valeur basée uniquement sur la quantité de travail contenue dans le produit. Prosper Enfantin (n°6, 5 novembre 1825) supporta Ricardo et McCulloch contre l'analyse économique de Say. L'article d'Enfantin porta les thèses économiques ricardiennes à leurs conclusions logiques, bien avant Marx. De plus, il y eut des articles sur la littérature positiviste contre lesquels Stendhal s'insurgea. [67]

Cependant, l'affaire qui déclencha l'écriture du petit livre de Stendhal fut un coup spéculatif qui reçut le soutien du *Producteur*. Sa première publication avait proposé qu'une société de banquiers d'Europe, avec Lafitte à sa tête, devienne une Sainte Alliance des Banquiers. Les banquiers français avaient consenti des prêts au Roi Ferdinand VII au même moment que le martyr du libéral espagnol Riégo ; Laffitte en juillet 1824 avait aidé le gouvernement Villèle dans ses difficultés financières à résorber la dette du gouvernement. Enfin, les banquiers associés aux Saint-simoniens

---

[67] *Ibid.*, p. 115-124 ; G. Weill, *L'École Saint-Simonienne*, Paris, 1899, pp.9-10

avaient été engagés pour l'octroi de prêts au Pacha d'Egypte, lui servant à acquérir des navires et des armes, afin de combattre la révolution grecque. La goutte d'eau qui fit déborder le vase pour Stendhal fut un prêt pour Haïti qui devait être négocié par Ternaux, prêt qui fut très discuté dans les premières publications du *Producteur*. Le 3 novembre 1825, deux séries d'offre égales furent soumises par Pillet-Will et par André Delessert et Casimir Périer. Le jour suivant le prêt fut accordé à Laffitte et aux frères Rothschild. [68]

Stendhal exprima sa première critique de la position du *Producteur* en même temps que son désarroi à propos du prêt Haïtien (le 10 novembre) et ajouta cette question au manuscrit sur le *Catéchisme* de Saint-Simon et les activités antérieures des banquiers. *D'un nouveau complot contre les industriels* de Stendhal voyait la conspiration des banquiers et du gouvernement contre les libéraux et les industrialistes comme un aspect majeur de la doctrine Saint-Simonienne. Contrairement aux Rothschild, aux Laffitte et compagnie, Stendhal proposait, en tant qu'héros désintéressés, Lafayette, Washington, Carnot, Dupont de l'Eure, Daunou et le Général Bertrand. [69]

Cerclet écrivit une lettre de critique à Stendhal. Le *Journal du Commerce* répondit (le 3 décembre 1825) que Stendhal examinait seulement un infime fragment de l'*industrialisme* et négligeait l'essence majeure de *l'industrialisme,* qui se centrait sur la fin de l'exploitation de l'homme par l'homme et sur l'idée d'une société se gérant par elle-même sans agence externe. « L'homme travaillera ainsi sur la nature, vivra de choses et laissera ses semblables en paix ». Armand Carrel fit un compte-rendu du petit livre de Stendhal dans *Le Producteur* (le 3 décembre 1825). Stendhal dans *Le Globe* (6 décembre 1925) critiqua le manque de clarté dans l'écriture et l'expansion du charlatanisme, dont un exemple était « un nouveau vernis pour les bottes, un nouveau système d'*industrialisme*, d'un nouveau légume rouge ». *Le Globe*

---

[68] Rude, *op.cit.*, p.97, 101, 124-127
[69] *Ibid.*, p.133

(le 17 décembre) réimprima de longs extraits du petit livre de Stendhal. [70]

Dans le même temps, Léon Halévy, l'un des meneurs saint-simonien, avait écrit un article dans *L'Opinion* (le 5 décembre) sur la conférence de Benjamin Constant du 3 décembre. L'article d'Halévy, « Athénée Royal de Paris, Séance d'ouverture. Discours de M. Benjamin Constant », visait à répondre à la critique de Constant de la doctrine Saint-simonienne et rappelait l'amitié entre Constant et Saint-Simon. Constant répondit par une lettre à *L'Opinion* (le 6 décembre), reproduite dans le *Journal du Commerce* (le 7 décembre). Il insistait là sur la nécessité d'avoir des garanties constitutionnelles contre la poursuite de l'intérêt purement matériel. Il craignait particulièrement l' l'intolérance saint-simonienne et il encouragea la liberté de conscience contre le despotisme implicite des saint-simoniens. L'interprétation de Constant quant à cette intolérance fut confirmée dans une réponse à la lettre de Constant par l'article de Cerclet dans *Le Producteur* (le 10 décembre), qui faisait suite à une réponse antérieure de Saint-Amand Bazard dans une édition du 3 décembre mais évidemment publiée quelques jours plus tard. [71]

La *Revue encyclopédique,* pour laquelle Say et Dunoyer écrivaient, contenait un compte-rendu (en décembre 1825) du petit livre de Stendhal par le Comte Paul-Eugène Lanjuinais, le fils d'un député libéral. Il insistait sur la critique de Stendhal des prêts des banquiers saint-simoniens accordés aux Turcs et était en accord avec l'analyse de Constant sur l'importance de l'industrie mais soulignait aussi la nécessité de développer des facultés morales. Victor Jacquemont, qui était un ami de Dunoyer favorable à l'industrialisme et en contact avec les saint-simoniens, avait trouvé que le petit livre de Stendhal valait la peine. Jacquemont écrivit à Stendhal le 22 décembre 1825 : « Barthélémy Dunoyer est furieux contre vous. Il a dit que vous n'aviez rien compris à la question ». Ainsi, pour Stendhal, le « lourd » Dunoyer devenait « le plus igno-

---

[70] *Ibid.*, pp.141-149, 153-155
[71] *Ibid.,* pp.148-152, 291

rant des écrivains libéraux » parce que « c'en est trop de s'apercevoir qu'ils pouvaient penser cela de moi, qui était de leur parti ».
Cependant, Dunoyer et Say ne pouvaient plus maintenir leur association fragile avec les rédacteurs du *Producteur* qui continuaient
à épouser les thèses économiques ricardiennes. Face à l'opposition absolue de Say et Dunoyer à la monnaie papier et au système
de crédit qui lui étaient associés, Enfantin (le 1ᵉʳ janvier 1826) fit
l'éloge de la préférence ricardienne pour la monnaie papier et mit
en avant le rôle des banques en tant qu'institutions de crédit pour
des travaux majeurs, comme le développement des transports. De
plus, la dispute entre Dunoyer et Stendhal ne se poursuivit pas ;
Rude écrit :

> « Stendhal convient toujours de sa science en économie poli-
> tique. Et je crois le reconnaître dans ce M. D. que le touriste
> rencontre à Chalon-sur-Saône et qu'il présente comme « un des
> premiers économistes de France ».[72]

Dunoyer signala sa rupture avec les saint-simoniens dans un
article dans la *Revue Encyclopédique* (tome XXXIII, février 1827).
Dans sa longue « Notice historique sur l'*Industrialisme* », Dunoyer
présenta une analyse et une critique des écrits des saint-simoniens
présents dans *Le Producteur* :

> « Disciples de M. Saint-Simon, les auteurs de cet ouvrage l'ont
> entrepris, ai-je dit, avec le dessein de propager ses doctrines. Ils
> paraissent adopter ces doctrines sans restriction. D'abord, ils
> revendiquent pour lui l'honneur d'avoir fondé l'industrialisme ;
> ils lui attribuent même la gloire non petite d'avoir inventé le mot
> industriel. Partant, comme lui, du fait que les pouvoirs théo-
> logiques et féodal ont constamment décliné, et que les arts, les
> sciences et l'industrie n'ont cessé d'acquérir des forces, ils
> concluent que la direction des affaires doit passer des mains des
> seigneurs ecclésiastiques et laïques, dans celles des savants, des
> artistes et des industriels. Comme le maitre, ils reprochent à ces
> classes de n'avoir encore travaillé qu'à s'affranchir, et parce
> qu'elles ont longtemps fait la guerre, de vouloir la faire toujours,
> de rendre éternel ce qui devait n'être que transitoire, de se faire
> un but de ce qui n'était qu'un moyen, de vouloir remplacer

---

[72] *Ibid.*, p.115, 155-164

l'ancien système par la critique qui en a fait apercevoir les inconvénients, de réduire la critique en système, de se faire un but de critiquer, sans autre objet que de critiquer. Ils les supplient d'abandonner cette tendance critique, qui met, disent-ils, les plus grands obstacles aux progrès de la civilisation, et de prendre la tendance organique, de procéder sans perte de temps à l'organisation du système industriel. Ce qu'ils nomment ainsi, c'est, à l'exemple de Saint-Simon, un état social composé uniquement de savants, d'artistes et d'artisans, où les savants et les artistes les plus distingués forment le pouvoir spirituel, et les industriels les plus prépondérants le pouvoir temporel de la société ; ou les premiers soient chargés de la formation des idées : les seconds de celle des sentiments, et les derniers de l'administration des intérêts matériels. Ce système ne tient point compte des individus ; il ne s'occupe que de l'espèce humaine tout entière. Il assigne pour destination à l'espèce l'exploitation de plus en plus perfectionnée du globe que nous habitons. Il proclame le principe organisateur d'association productive entre tous les peuples. La loi de cette association n'est pas la liberté. Laissez faire et laissez passer, est un conseil insuffisant. » [73]

Dunoyer attaqua fermement l'assertion saint-simonienne que l'imperfection humaine nécessitait que les activités sociales des hommes soient mises sous la direction d'autres hommes. Pour les saint-simoniens il n'y a aucune raison pour les hommes créatifs de chercher des solutions et de les appliquer, sans une force obligeant les individus réfractaires à retourner travailler et montrant « continuellement aux ouvriers la route qu'ils doivent suivre et ne permettre à personne d'y échapper ». Dunoyer était scandalisé par l'affirmation des saint-simoniens selon laquelle les masses avaient besoin d'un système de directeurs généraux et d'une disparition de la compétition. Pour les saint-simoniens la compétition était l'ennemi principal et « l'ordre résulterait seulement d'exceptions au principe de compétition ». Pour Dunoyer, seule la compétition génère de la valeur et fait apparaître les moyens d'établir l'ordre, comme la police. Le désir saint-simonien d'éliminer la compétition économique était visible à travers le souhait de centraliser le contrôle du crédit dans les mains de banquiers sélectionnés à cette fin. Dunoyer décrivit cela dans des termes repris au *Producteur* :

---

[73] *Revue encyclopédique*, pp.190-191

« Nous chercherons constamment à combattre ce principe [compétition]. Il faudrait que dans chaque branche d'industrie il y eut des associations de capitalistes qui ne fissent des avances qu'aux entrepreneurs et aux entreprises qui en mériteraient. Il faudrait établir un centre créditant dans chaque classe industrielle... Il faut des conseils de discipline pour les avocats, les médecins, les boulangers, les bouchers, les agents de change, les notaires, etc. etc. Les conseils de discipline ne sont pas plus un mal que des directeurs particuliers dans chaque branche d'industrie ne seraient un mal, que les directeurs généraux de la société, que les gouvernements en général ne sont un mal. Il faut de tels conseils pour répondre de la Science et de la moralité de tout homme examiné par eux... Seulement ils doivent être composés d'hommes évidemment supérieurs. Tel est ce système. Il est tout dirigé contre ce que les auteurs appellent la tendance critique, et vers ce qu'ils appellent la tendance organique. » [74]

Le système saint-simonien d'organisation, de direction et de classement de la société au travers du gouvernement était en opposition directe avec les contributions de Say et Dunoyer. Pour les saint-simoniens, une société industrielle était une société au sein de laquelle les industriels de premier plan exerçaient le pouvoir gouvernemental, en collaboration avec les scientifiques et les artistes, sur le reste de la société. Pour Dunoyer, l'*industrialisme* était la négation du gouvernement des hommes par les hommes, « un mode de vie » où toutes les relations sociales sont caractérisées par des activités libres et compétitives dans une liberté absolue.

« On peut dire, par exemple, le système industriel, la société industrielle, si l'on entend par là une société où toutes les professions ont un caractère industriel, où toutes sont productives d'utilité, ou les hommes de toutes les classes, forcés enfin de renoncer à la violence, ne peuvent vivre que des valeurs qu'ils créent par un travail paisible, ou de celles qu'ils obtiennent par des dons volontaires ou des échanges réguliers; mais il n'y a plus lieu à parler d'état social industriel, du moment que, par le mot industriel, on n'entend, comme M. Saint-Simon et les écrivains de son école, qu'une ou plusieurs classes d'individus ou de professions. [...] C'est donc à tort que les écrivains dont je parle

---

[74] *Ibid.*, p.192

ne veulent lui permettre de choisir que parmi des savants, des industriels et des artistes. Mais ils tombent dans une dernière erreur plus grave encore, au sujet du régime qui convient le mieux à l'état industriel. Leurs plaintes contre ce qu'ils appellent le système critique, c'est-à-dire, entre un état général et permanent d'examen, de débat, de concurrence, attaquent la société dans son principe de vie le plus actif, dans son moyen de développement le plus efficace. D'abord, ces écrivains se méprennent tout-à-fait, quand ils accusent la philosophie critique de ne tendre qu'à détruire et de ne se proposer qu'un but négatif. En travaillant à renverser les obstacles qui s'opposent au libre et légitime exercice des facultés humaines, elle tend, au contraire, à un but très-positif, c'est de placer l'humanité dans une situation où ses facultés puissent croître plus à l'aise : le progrès de ses facultés, tel est l'objet véritable et assurément très-positif qu'elle a devant les yeux. Reste à savoir si elle fait assez pour cet objet, en demandant l'abolition de tout privilège, de tout monopole, de toute restriction inique et violente, et en voulant que chacun puisse librement user de ses forces dans les limites de la justice et de l'équité. […]

Les disciples de l'école prétendue organique voient les plus grands inconvénients à la laisser à elle-même et à attendre son développement du libre concours des efforts individuels. Cet état de concurrence, disent-ils, n'aboutit qu'à l'anarchie des sentiments et des idées, qu'à l'altération de l'unité sociale, etc. Ils ne tarissent pas dans les reproches de ce genre qu'ils lui font. Et cependant, par une contradiction singulière, ils avouent, en même temps, que la libre discussion est nécessaire à certaines époques, et lorsque la société tend à passer d'une doctrine à une autre, d'un état imparfait à un état meilleur. Mais, si la discussion a quelquefois le pouvoir de produire la lumière, si elle peut rallier les esprits à la vérité, s'il est dans la nature des choses que des idées communes finissent par sortir du conflit des opinions divergentes, que signifie le reproche fait à la liberté, et quand commence-t-elle à être anarchique ? Est-il, dans le cours des siècles, un seul instant où la société ne tende, sur une multitude de points, à modifier ses idées, à changer sa manière d'être ? En est-il un, par conséquent, où elle n'ait quelque bon office à recevoir de la liberté ? Accuser la liberté de ce qui reste encore de confusion dans les doctrines morales et sociales, c'est voir le mal dans le remède, et se plaindre précisément de ce qui doit le faire cesser. L'erreur de l'école organique est de croire que la liberté n'est que d'une utilité provisoire. Un temps viendra, dit-elle, où toutes les sciences seront positives; et l'on n'aura plus besoin de liberté quand toutes les sciences seront positives : on ne dispute plus sur les vérités démontrées. On ne dispute plus sur ce qui est démontré sans doute ; mais jamais tout le sera-t-il ? Ce qui parait l'être, le paraitra-t-il toujours ? Peut-on répondre que les choses qui semblent le mieux établies, dans les sciences expérimentales, ne seront pas modifiées quelque jour par de nouvelles expériences ? Au lieu de dire que nos connaissances deviendront complètes et certaines, on peut hardiment répondre qu'elles laisseront toujours quelque chose à découvrir ou à rectifier. Il est donc dans la nature des choses que la liberté d'examen soit perpétuellement nécessaire. La société, qui vit surtout d'action, agit, à chaque instant, d'après les notions qu'elle possède; mais, pour agir de mieux en mieux, elle a besoin de travailler constamment, perfectionner ses connaissances , et elle n'y peut réussir qu'à la faveur de la liberté : recherche, enquête, examen, discussion, controverse, tel est son état naturel, et tel il sera toujours, même alors que ses connaissances auront acquis le plus de sûreté et d'étendue.

Ce n'est pas l'avis de l'école organique. Elle croit, au contraire, que cet état n'est que passager, et qu'il viendra un temps où nos connaissances auront acquis un tel degré d'extension et un tel caractère de certitude, qu'il n'y aura plus matière à discussion. En conséquence, et comme si elles étaient déjà parvenues à cet état de perfection idéale, elle veut qu'on donne dès à présent à la société des directeurs officiels qui soient chargés de lui apprendre sa route, et de conduire ses travaux conformément à ces connaissances infaillibles et complètes qu'elle est destinée à acquérir. C'est partir d'une supposition vaine pour arriver à une conclusion funeste. Il est puérile de vouloir décider d'avance ce que deviendront les diverses parties des connaissances humaines ; nous n'avons aucun moyen de le savoir; il n'y a nulle apparence qu'elles deviennent jamais aussi parfaites qu'on le suppose; au moins, est-il certain qu'elles sont encore loin de l'être, et il est insensé de raisonner comme si elles l'étaient déjà. Enfin, le fussent-elles ; connut-on pleinement le but de la société et tous les moyens qu'elle aura jamais de l'atteindre ; n'y eut-il plus rien à découvrir dans les sciences ; sut-on les meilleurs procédés à suivre dans les arts ; eut-on acquis des moyens infaillibles pour discerner, dans tous les cas, les bonnes et les mauvaises entreprises, il serait encore très pernicieux de vouloir donner aux hommes les mieux instruits de toutes ces choses le droit de soumettre les autres à leur direction. On ne hâte point par la contrainte la marche de la vérité. Le meilleur moyen, au contraire, d'empêcher qu'elle ne se propage, c'est de donner aux hommes qui la connaissent le pouvoir de l'imposer à ceux qui l'ignorent. Loin d'accroitre par la leur influence, on la détruit. D'une part, on émousse leur activité, ou l'on donne une fausse direction à leur zèle ; d'un autre côté, on intéresse ceux qu'ils pourraient instruire à leur résister : chacun sent très bien l'obligation où il est de s'abstenir de faire violence ; mais nul ne conçoit pourquoi il soumettrait en général sa raison à celle d'autrui ; nul ne consent à recevoir une vérité imposée de force. Plus donc il est désirable que la société se conduise par les lumières de ses membres les plus éclairés, et plus il est à souhaiter qu'ils n'aient de pouvoir que celui qu'ils tiennent de leurs lumières. Les vrais savants n'ont pas besoin d'exercer une magistrature pour être consultés. La disposition naturelle de quiconque a besoin d'un service, est de s'adresser à qui pourra le mieux le servir. Il n'y a que les directeurs imposés qu'on refuse de suivre, et rien n'est moins favorable aux progrès de la société que de donner aux hommes capables de l'éclairer le pouvoir de la contraindre. La société ne veut être contrainte par qui que ce soit, pas plus par des savants que par des prêtres ; ce que son intérêt demande impérieusement, au contraire, c'est que toute injuste contrainte soit réprimée. » [75]

L'approche « critique » de Dunoyer à l'égard de n'importe quelle tentative pour limiter la liberté absolue de choix était la base de son conflit avec les saint-simoniens. L'introduction de la moindre coercition ou direction par une personne sur une autre, y compris une direction intellectuelle, était précisément le point fondamental de désaccord que Dunoyer avait eu avec les concepts de Rousseau. La possibilité que la législation puisse avoir, le moindre rôle dans l'éducation, le développement où l'amélioration de n'importe quelle personne était contraire à la conception que Dunoyer se faisait du droit. Toute loi était négative ou destructrice, sauf dans la mesure où la loi exprimait les relations exactes qu'elle cherchait à réguler, auquel cas celle-ci était au mieux superflue. Dunoyer tirait cette attitude des « réflexions très judicieuses » d'une « vieille œuvre très peu connue », *L'Homme et la*

---

[75] *Ibid.*, pp.194-198

Société de J.B. Salaville, dont Rude note que celui-ci avait été lui-même influencé par les principes de William Godwin. [76]

Au contraire de l'opinion de Dunoyer selon laquelle l'acceptation volontaire de la vérité par chaque personne était le seul moyen d'obtenir l'approbation (ce qui impliquait dans ce cas que la législation était soit maléfique soit inutile), les saint-simoniens arguaient qu'une fois qu'un individu avait découvert la vérité, celle-ci devait être imposée. Pour les saint-simoniens, la position défendue par Dunoyer était l'anarchisme. En réponse à l'approche « critique » et à son rejet du scientisme, Saint-Simon avait déclaré : « vous, messieurs, n'êtes rien d'autres que des anarchistes ». Dunoyer s'identifiait clairement à l'anarchisme de la philosophie « critique » aussi bien qu'à l'anarchisme en politique que Saint-Simon et ses disciples avaient ressenti comme étant l'opposition principale au despotisme scientifique. J.L Talmon fait remarquer ceci dans sa « Technocratie totalitaire : Saint-Simon », à propos de la critique saint-simonienne du libéralisme radical de Dunoyer :

> « Entre eux ils allaient régler les problèmes par le moyen du contrat, garantis par leurs propres corporations et leurs lois et coutumes. Puisque l'État féodalo-militaro-clérical n'était pas en mesure d'offrir une réelle assistance, mais uniquement de faire du mal, ou pire (par exemple, extorquer des rançons), la classe industrielle développa presque une religion de non-intervention de l'Etat. La liberté commença à être identifiée à l'absence de gouvernement, aux libertés individuelles ainsi qu'à l'isolationnisme. L'expérience de la coutume féodalo-cléricale fut universalisée en une philosophie enseignant que le gouvernement en soi est un ennemi naturel et non "chef de la société, destiné à unir en faisceau et à diriger vers un but commun toutes les activités individuelles". » [77]

---

[76] Dunoyer, *L'industrie et la morale,* pp.430-431 ; J.B Salaville, *L'Homme et la Société, ou nouvelle théorie de la nature humaine et de l'état social*, Paris, Carteret-Dentu, An VII [1798], chapitre XXXIV, pp.355-372, 391-392 ; Rude, *op.cit.,* p.114

[77] J. L. Talmon, *Political Messianism, The Romantic Phase*, London Secker & Warburg, 1960, pp.35-124, particulièrement les pages 46 et 49-50 ; sur les défen-

Say et Dunoyer avaient été des porte-parole majeurs de l'analyse qui définissait la liberté dans les termes que Saint-Simon et les saint-simoniens condamnaient. Ceci est particulièrement intéressant au regard de la critique que Benjamin Constant rédigea de cet article de Dunoyer.

La réponse de Constant, *De M. Dunoyer et quelques-uns de ses ouvrages*[78], était inclue dans la collection d'essais, *Mélanges*, que Constant avait publié en 1829 en préparation à sa candidature infructueuse à l'*Académie*. Pierre Deguise a commenté sur la critique de Constant de Dunoyer : [79]

> « Avec *De M. Dunoyer* et de quelques-uns de ses ouvrages, Constant est amené à défendre ses idées contre celles des autres. À vrai dire, Charles Dunoyer n'était nullement un ennemi. Homme de la gauche libérale, lui aussi, il s'était signalé par une ardeur à défendre la liberté de la presse égale à celle de Constant. [...]
>
> Lorsqu'il dut renoncer à publier sa revue après la réaction qui suivit l'assassinat du duc de Berry, il se tourna davantage vers l'économie politique. Il enseigna à l'Athénée, où Constant avait parlé de théorie constitutionnelle et aussi de religion. [...]
>
> Pourquoi donc ces critiques ? Pourquoi, malgré des éloges de détail, cette hostilité de Constant qui reconnaît en Dunoyer un compagnon de ses luttes ? D'abord il avait été personnellement pris à partie dans l'ouvrage et il tenait à répondre. Dunoyer voyait dans la société industrielle le milieu le plus favorable à la liberté [...] Il reproche alors à Constant, comme à Rousseau, à Chateaubriand et aussi à quelques ultra-royalistes leur défiance et même leur mépris pour le développement de la civilisation qu'ils accusent de dépraver l'homme. Il relève un passage du premier volume de *De la Religion* qui venait de paraître. Constant y

---

seurs du rôle bénéfiques de la législation au XVIIIe siècle, notamment Rousseau, voir Talmon, *Les Origines de la démocratie totalitaire*, New York, Praeger, 1960, pp.34-39.

[78] Benjamin Constant, « De M. Dunoyer et de quelques-uns de ses ouvrages », dans *De la Perfectibilité de l'Espèce humaine*, Lausanne, Éditions l'âge d'Homme, 1967, pp.66-95 ; Benjamin Constant, *Mélanges de littérature et de politique*, Paris, Pichon et Didier, 1829, p. 128-162.

[79] Pierre Deguise, « Introduction », Benjamin Constant, *De la Perfectibilité de l'Espèce humaine*, Lausanne, Editions l'âge d'Homme, 1967, p. 9-34

écrivait : « Déjà une fois l'espèce humaine semblait plongée dans l'abîme. Alors aussi une longue civilisation l'avait énervée. Chaque fois que le genre humain arrive à une civilisation excessive, il paraît dégradé durant quelques générations » (Rel. I, 236). Constant est d'autant plus sensible à cette accusation, qu'il se sent mis en contradiction avec lui-même. Comment penser que la civilisation puisse corrompre, lorsqu'on croit de toutes ses forces à la perfectibilité ?

Habile à se défendre, il proteste qu'il n'a jamais cru à la dégradation intellectuelle des mœurs par le progrès matériel. Il ne peut y avoir, selon lui, que recul temporaire du perfectionnement lorsque, par exemple, pendant quelques générations, l'excès de civilisation peut énerver les esprits et amollir les énergies. Toute dégradation ne peut donc être que passagère. Pourtant aurait-il mis tant de soin à cette réfutation […] si Dunoyer n'avait touché juste ? […] N'est-il pas étrange que dans ce conflit éternel, […] qui au milieu du XVIIIe siècle, devait opposer Voltaire à Rousseau, une commune nostalgie de la simplicité, des mœurs patriarcales, se retrouve chez deux écrivains, tous deux des bords du Léman ? […] Constant ressent pour les peuples les plus éloignés de l'état de richesse industrielle une sympathie presque égale à celle de Tacite autrefois pour les Germains. Ces peuples ne sont-ils pas ceux qui savent le mieux défendre leur liberté ? Les Russes et les Espagnols contre Napoléon, les Grecs contre les Turcs ? « L'Espagne est cette nation dont la population ignorante a contrebalancé, par une lutte désespérée, la soumission empressée des classes supérieures où le germe de la civilisation s'était introduit. » Derrière ces paysans rudes, héritiers d'anciennes vertus, qui se lèvent en armes pour défendre leur indépendance, ne devine-t-on pas comme une ombre de Guillaume Tell ?

[…] Dunoyer ne va pas aussi loin que Bentham, mais Constant ne peut accepter une théorie qui ne fasse pas de la liberté et du droit une donnée première de la nature humaine, comme il le fait d'ailleurs pour le sentiment religieux. Et puis, au fond, l'économiste heurte les habitudes de pensée du politique. « La politique comme science des gouvernements est dépassée », écrit Dunoyer ; et il entend lui substituer une étude, selon lui plus scientifique, et que nous appellerions aujourd'hui « l'économie politique ». Il ne recherche pas la meilleure forme de gouvernement, mais « le mode d'existence le plus naturel à notre espèce, le plus favorable à ses progrès » ; au lieu de présenter la liberté

« comme un dogme », il l'étudiera « comme un résultat » ; il ne suffit pas de dire comme les publicistes dogmatiques « il faut que les peuples soient libres », il faut chercher « comment il arrive qu'ils soient libres ». En somme, au point de vue du politique et du moraliste qui part de principes, Dunoyer veut substituer une approche purement qu'il juge plus scientifique. Le fond des choses lui paraît être non les institutions politiques, mais le mécanisme social. […] Constant est donc tout naturellement amené à entrer en campagne contre les saint-simoniens. Il le fait à la fin de son essai en félicitant Dunoyer de s'être séparé d'une « secte nouvelle qui voulait se faire une égide de son nom », entendons les disciples de Saint-Simon qu'il ne nomme pas. Il s'en prend avec vigueur à ceux qui prêchent l'asservissement à l'autorité », veulent « fonder un nouveau papisme industriel », voient « l'anarchie dans toute dissidence d'opinions », et invoquent un nouveau pouvoir spirituel. »[80]

Constant exprima sa plus grande admiration quant aux écrits de Dunoyer dans *Le Censeur Européen*, ainsi que ses conflits avec le gouvernement pour justifier les libertés civiles : « Les germes déposés, en 1814, dans le *Censeur Européen*, s'étaient développés et avaient fructifiés ». Bien que mécontent de la critique de Dunoyer à son encontre dans *L'Industrie et la Morale*, sur lequel son essai se concentrait, Constant fit référence à l'article de Dunoyer dans la *Revue Encyclopédique* sur les origines de l'*Industrialisme*. Avant de se confronter aux saint-simoniens, Constant a résumé ses observations sur l'originalité de Dunoyer dans son développement de l'*Industrialisme*. Le silence de Constant sur Saint-Simon et ses références désapprobatrices à l'égard des Saint-simoniens prennent racine dans le fait que Constant ne considérait pas Saint-Simon comme un penseur sérieux. En revanche, il considérait Dunoyer comme un théoricien radical et un opposant philosophique. En tant que précurseur de l'élaboration de l'*industrialisme* de Dunoyer, Constant cherchait à faire taire et à brouiller les différences en imposant ses idées dans le contexte intellectuel de l'époque. Dunoyer avait exposé les différences avec clarté et détail ; les vagues remarques de Constant et son introduction de Sismondi,

---

[80] *Ibid.*, pp. 15-20

dont le livre fut publié trop tard pour être pertinent, obscurcit les désaccords particuliers. [81]

En particulier, dans sa « Notice historique sur l'industrialisme », Dunoyer dit de Constant :

> « Je dois dire, à la gloire de M. Benjamin Constant, qu'il est le premier écrivain, du moins à ma connaissance, qui ait fait remarquer le but d'activité des peuples de notre temps, et qui ait mis

---

[81] Constant, « De M. Dunoyer », *Ibid.*, p. 66-98, 90. Quatorze ans auparavant, Constant avait publié son *De l'Esprit de Conquête*, dans lequel il discutait de la différence entre la liberté politique des anciens et la liberté individuelle des modernes. Constant répéta cela dans sa brochure *De la liberté des Anciens comparée à celle des modernes* en 1819. L'association dans *L'industrie et la morale*, p. 93-94, de Constant avec Rousseau et Chateaubriand en tant critique de la civilisation et promoteur des niveaux primitifs de la civilisation, est mis en évidence par leurs vues divergentes de la signification de la lutte pour l'indépendance des grecs vis-à-vis des turcs. Pour Constant, « c'était dans la barbarie des Klephtes que la Grèce trouva une sauvegarde contre la barbarie des turcs », « De M. Dunoyer », *ibid.*, p. 75. Les Klephtes étaient des brigands grecs, qui de leur refuge des montagnes du nord maintinrent l'indépendance du mouvement politique et de la culture grecque pendant l'occupation turque, et qui furent actifs durant la révolution. Dunoyer avait été impressionné par le fait que les grecs étaient plus industrieux que les turcs, à travers leur activité en matière de commerce, d'artisanat et plus particulièrement de navigation, et ainsi que par la révolte des marins grecs qui formaient la majorité de la flotte turque. Les grecs prirent définitivement le contrôle en Egée pour arriver ensuite à la révolution grecque. *L'industrie et la morale*, pp.101-102. Constant était également opposé à Dunoyer sur le fait que c'était de la faute du peuple s'il souffrait de l'oppression du gouvernement ; si les gens avaient un sens plus fort de la moralité et de l'intérêt personnel, ils n'auraient pas connus l'oppression du gouvernement ou l'aurait renversé depuis. *La revue Encyclopédique*, en janvier 1825 avait émis la critique aux conférences de Dunoyer sur l'*Industrialisme* à l'Athénée énonçant que la vie industrielle rendait la domination plus facile pour les gouvernants. Rude, *Stendhal*, p.114. Constant était en désaccord avec le point de vue de Dunoyer selon lequel les gouvernements étaient le reflet de la situation du peuple et que les gouvernements sont renversés seulement lorsque le peuple atteint un stade suffisant de développement. Constant insistait sur le fait que les gouvernements étaient le résultat de la conquête, d'éléments du passé et de stagnation et que l'opposition entre les peuples et les gouvernements était la chose la plus importante. La sévérité de Dunoyer sur le peuple semblait épargner le gouvernement de critique : « Ce nouveau principe nécessite d'être examiné : tout ce qui discrédite les peuples est allégrement alimenté par le gouvernement, et contre l'intention de Dunoyer, les autorités oppressives prendront possession facilement de cette partie du système ». « De M. Dunoyer », *ibid.*, p.68

ainsi sur la voie de reconnaitre quel est le véritable objet de la politique. Voici ce qu'on lit, dans son ouvrage sur *l'esprit de conquête considéré dans ses rapports avec la civilisation européenne*, ouvrage qu'il avait publié à l'étranger en 1813 […] : « Tandis que chaque peuple autrefois formait une famille isolée, ennemie née des autres familles, une masse de peuples existe maintenant sous différents noms et sous divers modes d'organisation sociale, mais homogène par sa nature. Elle est assez forte pour n'avoir rien à craindre des hordes encore barbares ; elle est assez civilisée pour que la guerre lui soit à charge. Sa tendance uniforme est vers la paix... Nous sommes arrivés à l'époque du commerce, époque qui doit nécessairement remplacer celle de la guerre, comme celle de la guerre a dû nécessairement la précéder... La guerre était l'impulsion sauvage ; le commerce est le calcul civilisé. Il est clair que plus la tendance commerciale domine, et plus la tendance guerrière doit s'affaiblir. Le but unique des nations modernes, c'est le repos, avec le repos l'aisance, et comme source de l'aisance, l'industrie. La guerre devient chaque jour un moyen plus inefficace d'atteindre ce but. Ses chances n'offrent plus aux individus et aux nations des bénéfices qui égalent les résultats du travail paisible et des échanges réguliers ».

Ces énoncés n'étaient pas absolument irréprochables. M. Benjamin Constant, en disant que l'aisance est l'unique but des nations modernes, semblait insinuer que les hommes n'ont que des besoins physiques à satisfaire, ce que l'auteur du *Traité sur la Religion* aurait peut-être maintenant quelque peine à reconnaitre, et ce qui n'est certainement pas exact. Le but des nations modernes est l'aisance ; avec l'aisance, la dignité, la considération, la gloire, l'illustration ; et, comme source de tous ces biens, l'exercice moral et claire de toutes les professions utiles, ou, comme s'exprime M. Benjamin Constant, l'*industrie* qui embrasse en effet toutes les professions utiles à la société. Mais, quoique la proposition de l'habile écrivain manquât peut-être d'exactitude dans la forme, elle n'était pas moins très-importante au fond. C'était la première fois qu'on montrait nettement la différence existante entre les anciens et les modernes ; c'était la première fois qu'on faisait remarquer aux peuples modernes qu'ils dirigent leur activité vers l'industrie. L'observation, qui maintenant semblerait triviale, était alors extrêmement nouvelle, et je crois me souvenir qu'on en fut très frappé. » [82]

---

[82] Dunoyer, « Notice historique sur l'industrialisme », pp.175-176

Dunoyer insistait sur l'insuffisance des vues de Constant concernant l'industrie et l'impact de sa croissance sur la civilisation. Constant n'avait fait aucune analyse détaillée des aspects positifs du progrès industriel, et Dunoyer avait particulièrement critiqué la croyance de Constant selon laquelle l'amélioration des conditions matérielles causerait la régression de l'humanité et interférerait avec la perfectibilité humaine. Dunoyer évoquait aussi l'échec de Constant à développer le rôle de l'industrialisme en philosophie. Constant, comme les deux autres auteurs dont les travaux contribuèrent au développement de l'*industrialisme* de Dunoyer et Comte — Montlosier, l'historien, et Say, l'économiste politique —, ne voyait pas les implications les plus profondes de leurs idées. Selon Dunoyer :

> « Aucun écrit de M. Benjamin Constant, postérieur à *l'Esprit de conquête*, n'a fait voir qu'il eût aperçu les conséquences politiques de son observation que les peuples de nos jours dirigent leur activité vers l'industrie ; il ne s'est point occupé depuis de la société industrielle ; il n'a pas recherché comment cette société vit, suivant quelles lois elle prospère, et comment elle veut être constituée pour se développer. » [83]

L'Esprit de conquête fut composé, jusque dans ses mots exacts, à partir des recherches faites pendant la fin du XVIIIème siècle, période propice intellectuellement dans la vie de Constant, recherches qui sont contenues dans des cahiers connus sous le nom d'*Œuvres Manuscrites de 1810*. Ces manuscrits non publiés, en sept volumes de trois à quatre cent pages chacun, étaient une source intellectuelle pour les articles postérieurs de Constant qui formèrent des versions abrégées et rendues plus acceptables (le ton y est moins radical) que les essais d'origine. [84]

De la Perfectibilité de l'Espèce Humaine, œuvre à partir de laquelle *De M. Dunoyer et de quelques-uns de ses ouvrages* se fonde, en plus d'influencer d'autres de ses écrits, fut partiellement reproduite dans ses *Mélanges*. L'essai original a été composé aux alentours de

---

[83] *Ibid.*, p. 178-179.
[84] O. Pozzo di Borgo, dans Constant, *Écrits*, I, 204-206. Les *Œuvres Manuscrites de 1810* furent acquises par la Bibliothèque Nationale en 1961

1803-1804 comme introduction à un extrait des *Idées sur la Philosophie de l'Histoire* de Herder. La perfectibilité avait été traitée dans *La littérature considérée dans ses rapports avec les institutions sociales* (1800). Constant était un ami de bien des Idéologues intéressés par ce sujet. Georges Cabanis (1757-1808) avait publié une « Lettre sur la Perfectibilité de l'esprit humain ». Claude Charles Fauriel (1772-1844), ami aussi bien de Constant que de Dunoyer, avait fait un compte-rendu du livre de Mme de Staël pour *La Décade*, ce qui allait bâtir son amitié pour elle et pour Constant. Fauriel était un ami proche de Madame de Condorcet (1764-1822), qui avec Cabanis — marié à sa sœur — avait publié les travaux complets de Condorcet entre 1801 et 1804. Le Marquis de Condorcet (1743-1794), à travers son *Esquisse d'un tableau historique des progrès de l'esprit humain*, avait eu un impact majeur sur la pensée des Idéologues. [85]

La source d'inspiration pour Constant et à travers lui, pour Dunoyer, était William Godwin. Constant était au courant des développements intellectuels en Angleterre grâce aux amitiés qu'il avait noué pendant ses 18 mois d'Université à Édinbourg en 1783-1784. L'une des amitiés qui perdura fut celle avec James Mackintosh (1765-1832), qui écrivit en 1791 la *Vindiciae Gallicae*, en réponse aux *Réflexions sur la Révolution française de Burke* ; les conférences de Mackintosh dans l'Auberge de Lincoln sur la loi de nature et des nations, et sa défense en 1803 d'un réfugié politique français qui était poursuivi par Bonaparte pour diffamation, accru sa notoriété. L'*Enquête concernant la justice politique et son influence sur la vertu et le bonheur en général* (1793) de Godwin fut beaucoup lu par les théoriciens politiques en France. Godwin avait envoyé une copie à la Convention par le biais de John Fenwick dans une lettre le 15 février 1793, mais le déclenchement de la guerre juste après peut avoir contribué à l'absence de traduction française de l'œuvre. Il ne semble pas y avoir eu le moindre

---

[85] Constant, *Mélanges*, pp.387-415 ; Pierre Deguise, « Introduction », dans Constant, *De la Perfectibilité*, pp.11-14 ; O. Pozzo di Borgo, p. 234-235 ; Picavet, *Les idéologues, passim* ; Kitchin, *La Décade*, p.127, 148-149 ; Dominique Bagge, *Les idées politiques en France sous la Restauration*, Paris, Presses Universitaires de France, 1952, « Le courant de pensée individualiste », pp.25-92, notamment p.48

compte-rendu de *La Justice Politique* en France, bien que les nombreux comptes rendus et commentaires dans les publications anglaises étaient lus en France. Il y eut une critique détaillée de la nouvelle de Godwin écrite en 1794, *Caleb Williams* (Paris, 1796) dans *La Décade* (le 30 janvier 1796, volume 8, p. 413-420), qui insistait sur ses analyses à propos des prisons et des principes de justice. En 1795, l'oncle de Constant, Samuel Constant, avait publié une traduction française de *Caleb Williams* à Genève. Constant correspondait avec Godwin entre 1795 et 1796 à propos de son désir de traduire *La Justice Politique*, mais les événements politiques à l'époque causèrent le report indéfini de la publication. L'impact des idées de Godwin était évident dans les écrits de Constant à cette période et dans ses discours au Tribunat avant son exclusion en 1802. [86]

Constant lui-même avait relevé le défi de répondre aux attaques de Burke sur la Révolution Française dans *Des Réactions Politiques* (An V). En juillet 1799, Constant publia *Des suites de la contre-révolution de 1660 en Angleterre,* dans laquelle il annonça en conclusion sa traduction de *La Justice Politique*, qui serait accompagnée d'un « examen profond » des principes « appropriés pour consolider la liberté ». Constant souhaitait publier la traduction de *La Justice Politique* afin de contrer aussi bien le gouvernement dictatorial et arbitraire du Directoire post-Fructidor, que les mesures de ceux souhaitant le retour de la Terreur de 1793. En effet, Godwin montrait que la vraie liberté dont ils se réclamaient suppose l'absence de toute violence. *Les Œuvres Manuscrites de 1810* comportent trois cahiers avec 576 pages de traduction de *La Justice Politique*. En plus, le septième cahier comporte « De Godwin, de ses principes et de son ouvrage sur la Justice politique » de Constant, qui fut partiellement publié en tant qu'essai en avril 1817. Le recours de Godwin au volontarisme dans toutes

---

[86] Burton R. Pollin, *Godwin Criticism: A synoptic Bibliography*, Toronto, University of Toronto Press, 1967, p. 54-55, numéros 360R-363R, incluant les revues de *La Décade* de *Fleetwood and St Leon* de Godwin et p.656 pour les éditions de *Political Justice* (Londres, 1793, 1796, 1798 ; Dublin 1793, 1796 ; Philadelphie, 1796 et Wurzburg, 1803) ; Pollin, « Godwin's « letters of Verax » », *Journal of the History of Ideas*, XXV, 1964, pp.260-270

les relations et sa thèse de l'autonomie absolue de l'individu, étaient fortement admirés par Constant et représentaient le « noyau de l'anarchisme ». L'anarchisme individualiste de Constant le mena à s'opposer au *Contrat Social* de Rousseau en tant qu'abandon des droits individuels, puisque cela ouvrait la voie à des actions arbitraires de la nation contre un seul individu. Constant comme Godwin, était influencé par le concept d'Adam Smith d' « ordre naturel », et recherchait le remplacement de la propriété publique féodale par la propriété privée, commerciale et industrielle, ainsi que la destruction des institutions publiques en vue d'une libération. [87]

Godwin évitait le concept de l' « homme parfait » de Turgot, puisque l'idée d'aptitude à devenir parfait était en opposition avec l'idée de perfectibilité, de progrès continuel. Condorcet évoquait le progrès basé sur « l'amélioration des instruments qui améliore la puissance et dirige l'exercice de ces aptitudes ». L'insistance de Condorcet sur le progrès de l'éducation, de l'invention, et des arts appliqués et des sciences, apparaît dans sa *Vie de Voltaire* que Godwin utilisa (*La Justice Politique* fut publiée avant l'*Esquisse*). Une autre influence : celle des *Ruines Ou Méditations Sur Les Révolutions Des Empires* (1791) de l'historien Idéologue Constantin François Volney, œuvre traduite en anglais par James Marshal, le secrétaire de Godwin. Volney (1757-1820) postulait que le bonheur général ne peut être seulement que la somme des bonheurs individuels et il voyait les droits naturels comme une base pour le progrès de l'humanité. Godwin partageait l'utilitarisme de Volney et voyait le progrès technologique et l'augmentation du niveau de vie (dues à l'augmentation de la connaissance) comme un progrès de la civili-

---

[87] O. Pozzo di Borgo, I., pp.121-133, 234-235, 239-241 ; Pollin, *op.cit*, pp.104-105, 199 ; Pollin, *Education and Enlightenment in the Works of William Godwin*, New York, Las Americas, 1962, p.1, 17-18 ; Harold Nicolson, *Benjamin Constant*, Garden City, New York, Doubleday & Co., 1949, pp.285-289. L'influence de Godwin sur Constant a été noté par Elizabeth W. Schermerhorn, *Benjamin Constant*, deuxième édition, New York, Haskell House, 1970, p.179, 188 ; Georges de Lauris, *Benjamin Constant et les idées libérales*, Paris, Arthur Rous-seau, 1903, p. 22. Charlotte T. Muret, *The French Royalist Doctrines since the Revolution*, New York, Columbia University Press, 1933, p. 72, note seulement les parallèles entre l'individualisme anarchiste de Godwin et celui de Constant.

sation. Le regard bienveillant porté sur les machines qui économisent la main d'œuvre et qui augmentent le confort et les biens matériels rejoignait les vues de Dunoyer et d'Herbert Spencer sur l'essence du progrès de la civilisation. [88]

Contrairement à Rousseau, mais comme les physiocrates antérieurement et Say et Dunoyer par la suite, Godwin considérait l'âge d'or d'une société sans état comme appartenant au futur et non au passé de l'humanité. Selon Godwin, au fur et à mesure que les connaissances de l'homme progressent et que des relations plus complexes se développent, le rôle du gouvernement doit être moins important, ce qui nécessite donc une « dissolution du gouvernement ». Godwin défendait une décentralisation extrême, qui comme Dunoyer, pourrait être qualifiée de rousseauiste ou de primitiviste s'ils avaient conféré la moindre légitimité au gouvernement. Mais, Godwin et Dunoyer voyaient le progrès de la société proportionnellement inverse aux pouvoirs du gouvernement. La dissolution du gouvernement est la perfection de la société complexe et développée. [89]

L'individualisme d'Albert Schatz, en introduisant la définition de Dunoyer de la liberté, souligne le principe selon lequel le gouvernement et les individus dans la société progressent en proportion inverse les uns des autres ; la dissolution du gouvernement est l'objectif nécessaire de la morale, de l'industrie et de la civilisation.

> « Le libéralisme tend donc à créer entre l'État et l'individu un antagonisme radical qui n'est pas dans la doctrine classique et qui fait qu'État et Individu sont deux forces inversement proportionnelles l'une à l'autre. En conséquence, il y a dans le libéralisme une tendance d'abord potentielle, puis agissante, à retirer à l'État toute espèce de rôle économique : nous la verrons

---

[88] Crocker, *Nature and Culture*, p.453 ; Pollin, *Education and Enlightenment*, p.4, 62-64, 95-98 ; C.F. Volney, *The Ruins,* Exeter, Joseph Mann, 1823, pp.38-39, 93-104.

[89] Cf. *infra* p.19 pour les vues des Physiocrates et de Say de l'âge d'or appartenant au futur et p.45 pour le décentralisme extrême de Dunoyer ; Pollin, *Education and Enlightenment*, pp.76-78, 83-89

prendre naissance dans les compléments qu'apporte Dunoyer à la doctrine classique et aboutir plus tard à une forme plus ou moins déguisée de l'anarchisme. » [90]

Schatz note que la pensée de Dunoyer influença le développement de la théorie sociale de Proudhon. Les analyses de Dunoyer de la liberté le menèrent à une mise en avant des rôles de la compétition et de l'association volontaire dans le progrès de la société civilisée. Dunoyer compléta son analyse en appliquant ces rôles à la production de sécurité et au développement du concept d'associations volontaires en compétition fournissant la production de sécurité. Les sociétés d'assurance et les entreprises en compétition pour la production de sécurité en faveur de leurs membres ou de leurs souscripteurs devinrent ainsi l'aboutissement de l'achèvement de la dissolution du gouvernement. [91]

Schatz, dans son chapitre « De l'individualisme *anti-étatiste* à l'individualisme anarchiste », [92] discuta de l'expression de Gustave de Molinari, principal disciple de Dunoyer, à propos de la production de sécurité d'une société civilisée :

> « Cette fonction restreinte, M. de Molinari la lui retire. Dans une étude *De la Production de la Sécurité*, il se demande pourquoi cette industrie donnerait seule lieu à un monopole. N'a-t-on pas vu en Espagne la Sainte-Hermandad, en Flandre et en Italie des sociétés de métiers ou autres se charger de fournir la sécurité ? N'existe-t-il pas en Angleterre et aux États-Unis des constables privés et dans le Far-West des lyncheurs sans mandat officiel ? Régression, dit-on ? Non. Progrès, au contraire, et le plus conforme à l'orthodoxie libérale. […]
>
> Dans l'état social, il y parvient grâce à la division du travail et à l'échange. Le besoin de sécurité, effet de l'insuffisance du sentiment de justice, est du nombre. D'où l'apparition de certains établissements destinés à garantir à chacun la possession paisible de sa personne et de ses biens, et qu'on appelle gouvernements.

---

[90] Schatz, *op.cit.*, p.197
[91] *Ibid.*, p.490, 500
[92] *Ibid.*, pp.472-576

Or, si tous les besoins sont satisfaits au mieux par la libre concurrence, pourquoi Dunoyer met-il à part le besoin de sécurité ? A priori, cette dérogation contraire à la foi libérale peut être considérée comme mauvaise. Aussi bien si l'industrie de la sécurité a été organisée en monopole, il est aisé d'en découvrir la raison. Répondant à un besoin qui est, après celui du blé, le plus essentiel, elle met en présence des consommateurs faibles et des producteurs forts, par définition même. Ceux-ci imposent à ceux-là le monopole. Quels en sont les résultats? On voit en Angleterre une compagnie gouvernante, la féodalité, ayant un directeur héréditaire, le Roi, et un conseil d'administration héréditaire, la Chambre des Lords, fixer comme il lui convient, sous le nom d'impôt, le prix de la sécurité. » [93]

Mais l'intérêt de Dunoyer pour l'analyse du marché libre absolu fut interrompu par les événements des Journées de Juillet de la Révolution de 1830. Avec l'établissement de la Monarchie de Juillet (1830-1848), Dunoyer s'embarqua dans sept années de fonction publique en tant que préfet, tout d'abord dans l'Allier (1830) et ensuite dans la Somme (1833-1837). Pendant sa retraite, qui coïncida avec la mort de Charles Comte, il devint conseiller d'état en service ordinaire en 1838. En 1835, il publia un *Mémoire à consulter sur quelques-unes des principales questions que la Révolution de juillet a fait naître*. En 1840, une étude sur les chemins de fer anglais fut publiée : *Esprit et méthodes comparées de l'Angleterre et de la France dans les entreprises de travaux publics et en particulier de chemins de fer ; conséquences pratiques à en tirer pour notre pays de ce rapprochement.*

Dunoyer fut nommé administrateur général à la Bibliothèque Nationale (Bibliothèque royale, février-juin 1839) par le ministre de l'instruction publique dans le cabinet Molé, le comte de Savandy, qui fut un associé de Decazes en 1819-1820. Cependant, les crises ministérielles se succédèrent en raison du conservatisme croissant du gouvernement, qui a pu contribuer au retrait de Dunoyer de l'administration active. La nomination de Dunoyer pour n'importe quelle position d'importance idéologique comme

---

[93] *Ibid.*, p. 488-489. Dunoyer, par l'intermédiaire de Molinari, eut une influence sur les individualistes anarchistes américains ; Schatz note que Benjamin R. Tucker utilisa certains de leurs concepts. *Ibid.*, p.514

la Bibliothèque Nationale occasionna une forte opposition des conservateurs ; la montée croissante des protestations de ses subordonnés conservateurs força Dunoyer à démissionner de son poste d'administrateur général après quelques mois. Il publia cependant *La bibliothèque du roi* (Paris, 1839).

Par la suite, il retourna à ses analyses du marché libre et se concentra sur la théorie sociale et économique. Dès son rétablissement, il fut un membre actif de l'Académie des Sciences Morales et Politiques et en 1842 il joua un rôle important dans la création de la Société d'Économie Politique. Il contribua à son *Journal des Économistes*, aussi bien qu'au *Journal des débats*. En 1845 il publia une édition complètement révisée et élargie de ses études majeures antérieurs sous le titre : *De la liberté du travail, ou simple exposé des conditions dans lesquelles les forces humaines s'exercent avec le plus de puissance.*

La Révolution de 1848 fut une énorme déception pour Dunoyer. Il dénonça avec virulence les politiques de Lamartine et publia *La révolution de février 1848* (Paris, 1849). Mais il continua à siéger au Conseil d'Etat, et fut satisfait de la campagne pour le libre-échange que Frédéric Bastiat conduisit depuis son siège de la Chambre des Députés. Bastiat, en 1825, écrivit qu'il avait seulement étudié quatre œuvres en économie : Smith, Say, Destutt de Tracy et *Le Censeur*. Le Coup d'Etat du 2 décembre 1851 conduisit Dunoyer à démissionner de son poste de Conseiller d'Etat en signe de protestation.

Il continua à écrire pour *Le Journal des Économistes* et à participer activement aux sessions de *L'Académie des Sciences Morales et Politiques*. Il s'engagea dans des débats, par exemple avec Victor Cousin sur le rôle de l'économie sociale et sur la moralité, en 1852. [94] Enfin, il écrivit un ouvrage en deux volumes, *Le Second Empire et une nouvelle Restauration* (Londres 1864, 1871) qui fut

---

[94] Charles Turgeon, « Des prétendues richesses immatérielles », *Revue d'économie politique*, 1889, p. 230-231 ; Turgeon, « La conception matérialiste de l'histoire d'après Marx et Engels », *ibid.*, 1911, XXV, pp.307-310

publié à titre posthume par son fils Anatole, professeur d'économie politique à Berne sous le Second Empire et qui retourna en France en 1873 pour être maître des requêtes au Conseil d'Etat. Charles Dunoyer est mort le 4 décembre 1862.

www.ingramcontent.com/pod-product-compliance
Lightning Source LLC
Chambersburg PA
CBHW051816170526
45167CB00005B/2037